W0404403

DÉCOUVREZ ET TESTEZ VOTRE INTELLIGENCE

Gérard Roudaut

SOMMAIRE

AVANT-PROPOS

« Connais-toi toi-même » (Socrate), *« Tous les hommes désirent savoir »* (Aristote), *« Je pense donc je suis »* (Descartes) : autant de formules prouvant que la question de l'intelligence constitue un des piliers de notre civilisation.
Pourtant, seules les récentes recherches sur le cerveau ont permis de mieux comprendre ce phénomène et de le sortir de sa gangue de croyances mystiques (don des astres, puis des dieux, puis de Dieu).
Le livre que vous avez entre les mains fait le point sur les diverses théories qui ont vu le jour à partir du XVIIIe siècle, du calcul du QI à la théorie des intelligences multiples de Howard Gardner.
Son ambition est de vous aider à découvrir ce qui fait de vous une personne unique et de montrer comment, bien utilisées, vos potentialités intellectuelles peuvent devenir de véritables forces pour choisir une orientation et évoluer dans votre vie professionnelle avec le maximum de chances de succès.
Je vous souhaite de tirer autant de plaisir à la lecture de cet ouvrage que j'en ai pris à l'écrire.

Gérard Roudaut
Créateur du réseau de la Maison de l'orientation
(www.maison-orientation.com)

PARTIE I

AU-DELÀ DU QI, QU'EST-CE QUE L'INTELLIGENCE ?

« *Vous avez besoin d'un test fidèle et valide pour évaluer l'intelligence ? Qui ne comporte que trois formulaires ne demandant chacun que cinq minutes ? Qui ne soit sensible ni aux performances verbales, ni à la subjectivité de l'examinateur ? Qui puisse être utilisé avec les handicapés physiques les plus sévèrement atteints pourvu qu'ils puissent répondre par oui ou non ? Qui s'applique aussi bien aux enfants de deux ans qu'aux adultes ? Le tout pour 16 $ seulement !* »

Ainsi se présentait la publicité pour le QI dans les années 1920 aux Etats-Unis. Depuis, les découvertes sur le cerveau ont montré que cette manière d'évaluer l'intelligence n'était peut-être pas vraiment la bonne. Que d'autres méthodes et théories pouvaient permettre de sortir du côté quantitatif pour envisager l'intelligence sur un plan plus qualitatif. Cette nouvelle approche, qui ne prend plus l'intelligence pour une quantité fixe et définitive, permet de réfléchir sur la manière dont on peut faire évoluer chaque être humain. C'est ce que nous vous proposons de découvrir dans les pages qui suivent.

1. Un peu d'histoire

Qu'est-ce que l'intelligence ? Sur quoi se base-t-on généralement pour estimer que telle ou telle personne est intelligente ou ne l'est pas ? Sur sa capacité à résoudre des problèmes compliqués ? Son niveau de culture ? Son habileté à faire des discours ? Son charisme ? Ses performances scolaires ou professionnelles ? Sa faculté à s'adapter à n'importe quelle situation ?
Parallèlement, on peut se demander : l'intelligence est-elle liée à l'environnement (éducation, milieu social, etc.) qui en stimule ou non le développement ? Ou bien est-elle prédéterminée à la naissance ? Le concept d'intelligence est-il universel ? Autrement dit, une personne que nous considérons comme intelligente bénéficiera-t-elle ou aurait-elle bénéficié de la même considération sous n'importe quelle latitude et à n'importe quelle autre époque de l'histoire ?

Une définition fluctuante de l'intelligence

Aujourd'hui, chacun reconnaît aisément que la manière dont nous percevons l'intelligence est très largement fonction de l'époque et de la société dans lesquelles on vit. Les exemples ne manquent pas d'individus ou groupes d'individus considérés comme manquant d'intelligence pour l'unique raison qu'ils ne savaient pas communiquer. Ainsi en fut-il pour les sourds, par exemple, qui connurent l'ostracisme jusqu'à l'invention du langage des signes par l'abbé de l'Epée à la fin du XIXe siècle.

L'un des principaux facteurs de la perception de l'intelligence est la conformité sociale. Un peu comme la beauté, l'intelligence dépend avant tout de la perception qu'en a la société au sein de laquelle elle se manifeste. C'est d'ailleurs pour cette raison que de nombreux artistes et créateurs intellectuels ne sont reconnus qu'après leur mort, leur marginalité par rapport aux normes en vigueur étant en grande partie la cause de cette méconnaissance. A l'inverse d'ailleurs, l'Histoire est pleine d'éminents savants ou d'artistes réputés à leur époque, dont la réputation ne s'est pas maintenue dans le temps. Ces personnes ont tout simplement produit des

théories et des œuvres qui, dans le contexte de leur époque, étaient crédibles, sérieuses et correspondaient au goût commun mais qui apparaissent aujourd'hui comme naïves, prétentieuses voire totalement étonnantes.
Pour ne prendre qu'un exemple, aujourd'hui risible (?), citons l'anatomiste français Etienne Serres qui, dans la deuxième moitié du XIXe siècle, mena une enquête très sérieuse pour démontrer que les Noirs adultes avaient le niveau d'intelligence et de maturité des enfants blancs. Il ne trouva rien de mieux pour le démontrer que de calculer la distance qui sépare leur pénis de leur nombril *(« Ce signe ineffaçable de la vie embryonnaire chez l'homme* »). Il calcula que cette distance chez les bébés de toutes races est courte et que le nombril se déplace vers le haut au cours de la croissance mais qu'il monte plus chez les Blancs que chez les Noirs. Il en conclut donc que ces derniers restent perpétuellement semblables aux enfants blancs, ce qui témoigne de leur infériorité... CQFD.

Le besoin de mesurer et de comparer

Longtemps les hommes se sont plus ou moins contentés de constater que la forme de l'intelligence variait selon les personnes. Dès le début de l'humanité peut-être, et en tout cas dès qu'une hiérarchie s'est établie, ces différences servirent à expliquer la variété des statuts sociaux. Au début, ceux qui étaient considérés comme les plus intelligents étaient sûrement ceux qui cognaient le plus fort, puis peut-être les plus rusés et/ou les plus bricoleurs (pour inventer les outils, le feu...), ceux qui savaient le mieux prévoir de quoi le lendemain pourrait être fait, ceux qui savaient le mieux commander, etc.
Les religions ont souvent été utilisées pour justifier les positions sociales. Dieu ou les dieux avai(en)t distribué, une fois pour toutes, les fonctions et les niveaux d'intelligence. Vous étiez simple manant ou, au contraire, riche et puissant car tel en avaient décidé les puissances divines ; selon les cas, vous étiez censé vous retrouver premier ou dernier sur la liste au moment du Grand Jugement... Ou réincarné en rat, en lapin ou en poux, comme dans certaines religions animistes.

C'est un cousin de Charles Darwin, Francis Galton, qui fut l'un des premiers à utiliser différentes méthodes de calcul pour démontrer que l'intelligence se mesurait et était le fruit de l'hérédité. Lors de l'exposition internationale de 1884, il proposa au public, pour une somme modique, de passer un ensemble de tests et de disposer ensuite d'un résultat. Dans *Hereditary Genius*, publié en 1869, il préconisa un règlement des mariages et du nombre d'enfants par famille en fonction des dons héréditaires des parents. Comme on le verra par la suite, un des grands problèmes des méthodes de mesure de l'intelligence, et notamment du QI, tient précisément à leur utilisation pour justifier des comportements d'exclusion voire de répression (racisme, préjugés contre les pauvres, etc.).

La lente invention du QI

Après une période plutôt fumeuse où plusieurs scientifiques mesurèrent les crânes et les corps et pesèrent les cerveaux afin de déceler dans ces différentes données la preuve et la mesure des différences d'intelligence, Alfred Binet, directeur du tout nouveau laboratoire de psychologie de la Sorbonne, proposa dans les années 1900 d'appliquer des méthodes « psychologiques ».
Jusque-là la psychologie relevait davantage du domaine de la philosophie que de celui de la médecine ou de la science en général. Alfred Binet contribua à en faire une science à part. En 1904, il fut chargé par le ministère de l'Instruction publique de mettre au point une méthode de dépistage des enfants rencontrant des difficultés d'apprentissage, permettant ainsi de leur faire bénéficier d'un enseignement spécialisé.
Binet élabora donc une batterie de tests basés sur des problèmes rencontrés dans la vie quotidienne (compter des pièces de monnaies, par exemple) et qui, selon lui, font appel à des processus fondamentaux de raisonnement. « *Peu importent les tests eux-mêmes, pourvu qu'ils soient nombreux.* » Il espérait qu'en mélangeant un type suffisamment varié d'épreuves, on pourrait en déduire les potentialités générales d'un enfant. La version finale de son outil (1908) établissait les critères utilisés dans la mesure de ce que l'on appelle aujourd'hui le QI. Chaque épreuve correspondait à un niveau d'âge, défini comme l'âge le plus jeune auquel un enfant d'intelligence normale devait être capable d'accomplir

l'épreuve avec succès. Les enfants auxquels le test était proposé commençaient par répondre aux épreuves correspondant à l'âge le plus jeune et poursuivaient la série jusqu'à ce qu'ils ne puissent plus répondre. L'âge correspondant à ces dernières épreuves était donc censé correspondre à leur « âge mental », et leur niveau intellectuel général était calculé en soustrayant leur âge mental de leur âge véritable. Ainsi le ministère pouvait-il repérer les enfants ayant des difficultés et les diriger vers des filières d'enseignement spécialisé.

Comme nous l'avons vu, l'objectif principal de Binet avait été de mettre au point un outil pratique de repérage des difficultés scolaires (la scolarité avait été déclarée obligatoire depuis à peine plus de vingt ans). Mais, pour lui, « *cette échelle permet, non pas à proprement parler la mesure de l'intelligence – car les qualités intellectuelles ne se mesurent pas comme des longueurs, elles ne sont pas superposables* [...] » L'intelligence était à son avis trop complexe pour qu'un seul nombre puisse la définir une fois pour toutes. De plus, Alfred Binet craignait par-dessus tout ce que l'on appellera plus tard la « prédiction auto réalisatrice ». Coller une étiquette sur quelqu'un nous entraîne souvent à agir d'une certaine façon avec lui, et lui-même finit généralement par se comporter comme nous l'avions « prévu ».

Les travaux de Binet furent pourtant totalement détournés pour l'invention de ce qui devait devenir le QI que l'on connaît aujourd'hui et qui n'a plus guère d'autres objectifs que celui de classer les individus...

L'intelligence, une quantité fixe et innée ?

En fait, « l'échelle de Binet » (nom de l'ensemble des tests qu'il avait élaborés) comportait un problème pratique d'utilisation. En effet, comme nous l'avons dit, le résultat final obtenu par soustraction de l'âge mental par rapport à l'âge réel donnait en quelque sorte le nombre d'années de retard d'un enfant. Or il n'est pas comparable d'avoir un retard de deux ans lorsque l'on a 4 ans et lorsque l'on a 10 ans, par exemple.

C'est pourquoi un Allemand du nom de William Stern proposa en 1911 de diviser l'âge mental par l'âge de l'état civil. Ainsi est né le « quotient intellectuel », qui n'est rien d'autre qu'un quotient

au sens arithmétique (par exemple on divise l'âge mental de 7 ans par l'âge d'état civil 10 ans, et l'on trouve QI = 0,7, ou 70 en multipliant par 100 pour supprimer la décimale).
Tout en trouvant une solution au problème posé par l'outil mis au point par Alfred Binet, on en créait un autre : considérer l'intelligence comme une quantité fixe. Nombreux sont ceux, notamment aux Etats-Unis d'Amérique, qui n'hésitèrent pas alors à affirmer que cette « quantité fixe » était innée. C'est ainsi que le QI fut, au cours du XXe siècle, très utilisé pour justifier certaines théories racistes et « lutter » contre la pauvreté. Sans rentrer dans des considérations qui dépasseraient largement l'objectif du présent livre, il faut tout de même savoir que cette théorie dévoyée du QI entraîna la sélection des immigrants et, jusque dans les années 1970, le résultat obtenu au test de QI pouvait entraîner la stérilisation, rien de moins. Aux Etats-Unis, vingt-quatre Etats promulguèrent des lois visant à la stérilisation de certains « inadaptés » sociaux et limitant les mariages interraciaux. Les eugénistes (personnes qui étudient et mettent en œuvre les moyens d'améliorer l'espèce humaine) obtinrent en 1924 le vote du *Johnson Act*, qui limitait fortement l'immigration des individus en provenance des pays est-européens et méditerranéens car, selon eux, ils « polluaient » le « pur » sang américain. Mais c'est une autre histoire...

Pour aller plus loin : *La mal-mesure de l'homme*, Stephen Jay-Gould, Odile Jacob, 1997.

2. A la recherche de l'intelligence générale

Il n'existe ni un seul test ni une seule méthode

On parle souvent du calcul du QI (quotient intellectuel) comme s'il n'existait qu'un seul et même test. Dans les faits, on trouve non seulement plusieurs tests portant le nom de QI mais également plusieurs méthodes et théories pour arriver à son calcul. C'est dire si la notion même de QI est tendancieuse et trompeuse.

Pour simplifier nous dirons qu'il existe deux grands types de méthodes de calcul du QI :
• **le QI en âge mental** qui, dans la lignée des travaux d'Alfred Binet (voir le chapitre précédent), propose de repérer les retards intellectuels éventuels par rapport à l'ensemble de la population. Ce type de test est plutôt destiné à un public jeune ou dont on cherche à donner une évaluation objective du développement intellectuel. Il agit un peu comme la toise sous laquelle on faisait passer les appelés du contingent : on obtenait ainsi une moyenne de la taille dans une même classe d'âge ; il était ensuite facile de faire des comparaisons ;
• **le QI en répartition** qui consiste à situer la personne testée par rapport à une « population cible ».

Le mystérieux « facteur G »

Dans la lignée des réflexions menées par Alfred Binet, les chercheurs voulurent démontrer que le QI mesurait un mystérieux « facteur G » ou « facteur général » (rien à voir avec le non moins mystérieux « point G » que tous les potaches, friands de sexualité aboutie, recherchent désespérément). Ainsi, Spearman montra que les aptitudes « les plus nobles » ont quelque chose en commun. Certaines des qualités nécessaires pour être un bon philosophe ressemblent à s'y méprendre à celles qui caractérisent un bon chercheur ou un bon gestionnaire.
L'expérience montrait d'ailleurs que lorsqu'une même personne passait deux tests et réussissait le premier, elle avait de fortes

chances de réussir également le second, même si ce dernier était très différent du premier. Voilà pourquoi les psychologues ont cherché à isoler ce fameux dénominateur commun de l'intelligence. En réalité, les recherches entreprises autour du facteur G n'ont rien apporté de véritablement nouveau concernant la structure de l'esprit et son fonctionnement. Tout au plus, ces recherches ont-elles permis de mieux comprendre les relations qui pouvaient exister entre les différents tests.

Ce fameux facteur G n'est en somme ni plus ni moins que le facteur commun à la plupart des tests. « *Le QI mesure assez bien les chances de réussite d'une personne dans un métier ou une formation liée à la gestion, à l'organisation ou encore à la direction d'équipe et au management* », estiment beaucoup de chercheurs ainsi que des responsables de formation de haut vol (MBA notamment) et des responsables d'entreprise. De fait, comment contester que des épreuves destinées à évaluer l'intelligence logico-mathématique et l'intelligence du langage et du raisonnement prédisent la réussite dans les métiers ou formations qui requièrent précisément ce type de compétences intellectuelles ? Peut-on dire pour autant que ces compétences sont les seules au monde qui permettent de réussir, et, *a fortiori*, les seules à expliquer le comportement des individus ? C'est ce que nous verrons au chapitre suivant.

3. La théorie des intelligences multiples

Imaginez que vous ayez envie de transformer l'aménagement de votre chambre. D'emblée vous vous retrouvez face à un petit problème pratique. Dans votre chambre, qui est carrée, se trouve un lit double et dont la tête et le pied sont identiques. Comment devez-vous vous y prendre pour le déplacer vers le mur opposé ? Certains d'entre vous choisiront de faire glisser le lit vers le mur opposé. Puis, ils replaceront draps, couverture et oreiller pour recréer une tête de lit dans le bon sens. D'autres personnes, en revanche, s'y prendront d'une tout autre manière. Elles feront effectuer au lit une rotation de 180 degrés avant de le pousser vers le mur opposé. Si vous faites partie du premier groupe, cette façon de faire vous paraîtra peut-être ridicule.
Mais comment décider de la manière la plus « intelligente » de déplacer un lit ? Est-il plus « logique » d'aller au plus simple pour le déplacement du lit, puis ensuite remettre la literie dans le bon sens, ou, au contraire, vaut-il mieux déplacer le lit de sorte qu'il ne soit pas utile de le refaire ensuite ? Un test de QI peut-il vraiment nous donner la réponse ?

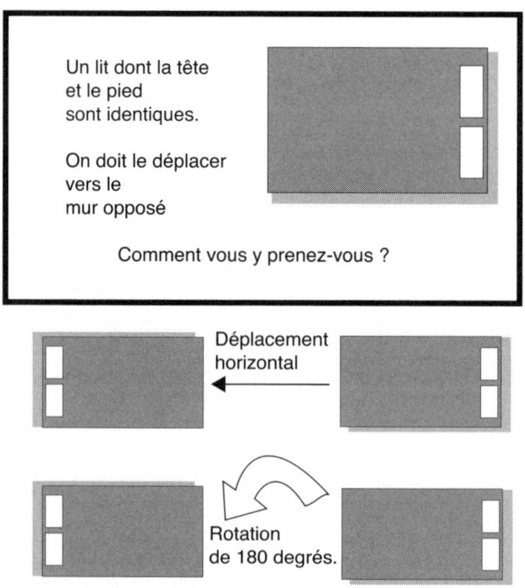

Prenons un deuxième exemple. Après une sortie entre amis pour voir le dernier film en vogue, tout le monde se retrouve au café du coin pour échanger, entre autres, les avis sur le personnage principal du film. Alors que vous-même l'avez considéré comme émouvant, vos amis émettent des opinions bien différentes. L'un l'a trouvé glacial, l'autre intrépide et un autre, enfin, érudit. Qui a tort, qui a raison ? Si la question avait été posée dans le cadre d'un test, imaginons que la réponse normalisée et attendue (compte tenu de la description donnée dans l'intitulé de la question) eut été « intrépide ». Cela aurait donc signifié que toutes les autres réponses étaient données comme fausses.

Comment s'expliquent nos différences ?

Qu'est-ce qui explique ces différentes façons d'interpréter la réalité et d'agir ? Pour mieux comprendre les hypothèses actuelles, repartons d'une histoire vraie, vieille d'un peu plus de 120 ans.

L'exemple de Phineas P. Gage

Le personnage principal de cette histoire s'appelle Phineas P. Gage. Il est né en 1823 et a eu, très jeune, la responsabilité d'équipes d'ouvriers pour la construction de lignes de chemin de fer dans le Vermont, en Nouvelle-Angleterre. Jusqu'à l'âge de 25 ans, il est très apprécié par ses employeurs qui le considèrent comme « le plus compétent et efficace » de tous ceux qui sont à leur service. Dans son ouvrage intitulé *L'erreur de Descartes* (Odile Jacob, collection Poche/Essai), Antonio Damasio précise que la tâche confiée à Phineas P. Cage « *demande à la fois performance physique et capacité de concentration, notamment quand il s'agit de faire sauter les mines. Celles-ci requièrent d'être préparées en plusieurs étapes obéissant à un ordre précis. Il faut d'abord creuser un trou dans le rocher. Après l'avoir rempli à moitié de poudre, on y insère une mèche, et on le bourre avec du sable. Ce dernier doit être tassé au moyen d'une tige de fer actionnée en une série de coups bien calculés. Pour finir, on allume la mèche et, si tout va bien, l'explosion se produit au sein de la roche. Le bourrage de sable est essentiel, car s'il est mal fait, les gaz issus de la combustion de la poudre s'épancheront hors de la roche sans la briser. La forme de la barre de fer et la façon dont on la manipule sont aussi essentielles.* »

Par cette chaude après-midi d'été de 1848, distrait, Phineas P. Gage bourre la poudre avec la barre de fer, avant même que son aide l'ait recouverte avec le sable. Aussitôt, c'est l'explosion. La barre de fer est éjectée dans un assourdissant sifflement de lancement de fusée et vient se loger dans la joue gauche de notre héros, puis ressort par le dessus de la tête, arrachant au passage un peu de tissu cérébral, qu'elle entraîne vingt mètres plus loin.

Un miracle peut en cacher un autre

Dans un premier temps, les journaux crient au miracle. En effet, malgré la violence du choc et un orifice ouvert de plus de trois centimètres dans le crâne (« *J'ai aperçu sa blessure à la tête, avant même d'être descendu de voiture ; les pulsations du cerveau y étaient très visibles* », écrira plus tard le docteur Williams), Phineas n'a à aucun moment perdu conscience et semble se comporter de manière totalement rationnelle. Survivre à une aussi grave blessure à la tête, ainsi qu'être capable de parler, de marcher et de rester lucide immédiatement après l'accident est en effet surprenant. « *Je l'ai pansé, Dieu l'a guéri* » dira encore le médecin.

Pourtant, le côté miraculeux de sa guérison sera vite éclipsé par l'extraordinaire changement de personnalité que va connaître Phineas Gage. Bien que ne présentant, en dehors de la perte de son œil gauche, aucune séquelle d'ordre physique, il était devenu « *d'humeur changeante ; irrévérencieux ; proférant parfois les plus grossiers jurons (ce qu'il ne faisait jamais auparavant) ; ne manifestant que peu de respect pour ses amis ; supportant difficilement les contraintes ou les conseils lorsqu'ils venaient contrecarrer ses désirs ; s'obstinant parfois de façon persistante ; cependant capricieux et inconstant ; formant quantité de projets aussitôt abandonnés. Se comportant comme un enfant, il avait néanmoins les pulsions animales d'un homme vigoureux* », ainsi que le décrit le docteur Harlow qui l'a suivi. Tout cela au point que Phineas Gage perdit toute vie sociale et finit dans la misère après un passage comme attraction dans un cirque.

Localiser l'intelligence dans le cerveau

A la même époque, plusieurs chercheurs, dont le Français Paul Broca, émettaient l'hypothèse selon laquelle certaines zones du cerveau seraient spécialisées dans certaines fonctions. Ces travaux aboutirent notamment à la fameuse théorie du cerveau gauche et cerveau droit. Comme vous le montre l'illustration « La géographie du cerveau » (voir page suivante), les hémisphères gauche et droit du cerveau possèdent chacun des fonctions bien spécifiques. A chaque instant le cerveau gauche enregistre, comprend, utilise les fonctions verbales, séquentielles, etc., et le cerveau droit, lui, enregistre, comprend le global, l'intuitif, etc. Une intense activité d'échange entre les deux parties du cerveau, par l'intermédiaire du corps calleux (incroyable réseau de neurones en liaison entre les deux parties du cerveau), lui permet de conceptualiser complètement une idée, un objet, etc.

Des décennies plus tard, Antonio Damasio et sa femme Hanna démontreront que les dégâts subis par Phineas P. Gage avaient été plus importants dans l'hémisphère gauche que dans l'hémisphère droit. Ainsi ces lésions avaient-elles aboli chez ce dernier la capacité à programmer ses actions dans l'avenir, à se conduire en fonction des règles sociales apprises antérieurement, et à faire des choix susceptibles d'être les plus avantageux pour sa survie. La comparaison de ce cas historique avec le cas de malades actuels, traités par Damasio, permit ensuite de démontrer qu'un individu ayant subi de graves lésions au cerveau pouvait très bien réussir les tests classiques d'intelligence et même obtenir un QI élevé. Cela n'empêchait pas de le voir souffrir par ailleurs de graves troubles du comportement social.

La géographie du cerveau

Commencée dès la fin du XIXe siècle, l'étude du cerveau a permis de découvrir que les fonctions dites « cérébrales » – comme le langage, l'audition ou la psychomotricité – correspondaient à des localisations précises dans le cerveau.

Face externe de l'hemisphère gauche

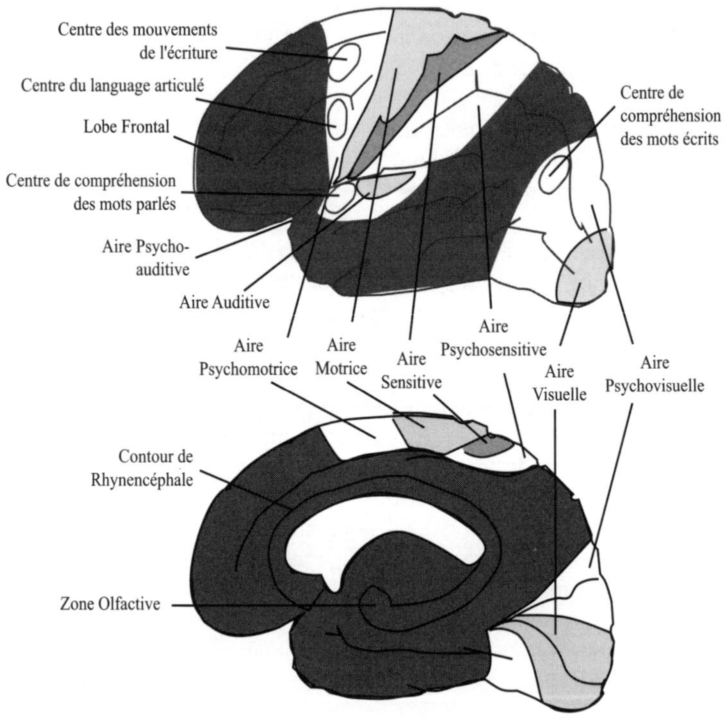

Face interne de l'hemisphère droit

Etes-vous plutôt cerveau gauche ou cerveau droit ?

A partir des découvertes sur la localisation des fonctions cérébrales, une théorie complète propose une approche de la personnalité. Voici un résumé visuel de ces grandes règles.

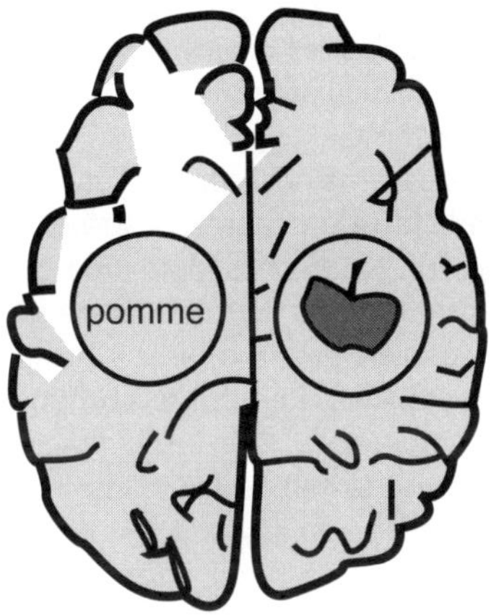

CERVEAU GAUCHE
- logique
- intellectuel
- verbal
- mathématique
- linéaire
- séquentiel
- contrôlé
- ordré
- actif
- mémoire des noms

CERVEAU DROIT
- symbolique
- intuitif
- émotif
- rêveur
- musicien
- global
- créatif
- primesautier
- figuratif
- mémoire

La théorie de Howard Gardner

C'est dans la lignée de toutes ces recherches que Howard Gardner, professeur de neurologie et psychologue cognitiviste à l'université de Harvard et à l'université de Boston aux Etats-Unis, a mis au point sa théorie dite des « intelligences multiples » (IM).
Dans son étude sur les capacités des êtres humains, Gardner a établi des critères qui permettent d'identifier si un talent correspond à une forme d'intelligence. Chaque type d'intelligence doit posséder un trait de développement, être observable chez certaines populations telles les prodiges ou les « idiots savants », fournir une évidence de localisation dans le cerveau et pouvoir être symbolisé dans un système.
Alors que la plupart des gens possèdent le spectre entier des intelligences, chaque individu démontre des traits distinctifs personnels sur le plan cognitif. Nous possédons une quantité variable de chacune des huit intelligences distinguées par Gardner (voir plus loin). Nous les combinons et les utilisons de diverses façons qui nous sont très personnelles. Réduire le comportement des êtres humains à la prépondérance des intelligences linguistiques et mathématiques, comme le fait le QI, minimise l'importance des autres formes d'acquisition du savoir. C'est ainsi que de nombreux étudiants qui n'arrivent pas à démontrer les intelligences académiques traditionnelles développent une faible estime d'eux-mêmes, et leurs richesses peuvent ainsi demeurer inexploitées et perdues pour eux-mêmes et pour la société.

Non seulement les recherches de Gardner nous révèlent une gamme plus étendue des intelligences humaines que ce que nous croyions précédemment, mais elles ont aussi généré une définition pratique et rafraîchissante du concept d'intelligence. Au lieu de voir « l'intelligence humaine » en termes de score à un test standardisé, Howard Gardner la définit comme :

- **la capacité à résoudre les problèmes que chacun rencontre dans la vraie vie ;**
- **la capacité à générer de nouveaux problèmes et à les résoudre ;**
- **la capacité à réaliser quelque chose ou à offrir un service qui en vaut la peine dans la culture de celui qui le fait.**

La définition que donne Gardner de l'intelligence humaine fait ressortir la nature multiculturelle de sa théorie.

Les différentes formes d'intelligence

Nous possédons tous au moins huit formes d'intelligence, toutes différentes, dont généralement trois ou quatre sont plus développées que les autres. Ainsi, aujourd'hui, la question n'est plus de savoir si on est intelligent et dans quelle mesure, mais de connaître ses formes dominantes d'intelligence.

Avant de vous proposer des outils qui vous permettront de mieux connaître vos dominantes, voici un premier survol des huit formes d'intelligences proposées par la théorie de Howard Gardner.

Description	Aptitudes spécifiques	Principales caractéristiques
1. Intelligence verbale/linguistique Capacité à utiliser les mots efficacement, oralement ou par écrit. 	Sensibilité aux sons, aux structures, à la signification et aux fonctions des mots et du langage.	Apprend à travers les mots (pense en mots, non en images). Aime parler, écrire et expliquer. Comprend les consignes. Bonne mémoire. Sens de l'humour. Sens de la syntaxe, sensible au sens des mots, au bon usage. Sensible aux sons, à la rythmique des mots. Convainquant. Vocabulaire étendu.
2. Intelligence logique/mathématique Capacité à utiliser les nombres efficacement et à bien raisonner. 	Sensibilité aux modèles logiques ou numériques et aptitude à les différencier ; aptitude à soutenir de longs raisonnements.	Recherche un modèle lors de la résolution de problèmes. Crée des standards. Pensée déductive et inductive. A l'aise avec l'abstrait, les symboles et signes math. Distingue les relations et les connexions. Raisonnement scientifique. Réalise des calculs complexes Reconnaît les problèmes impliquant la logique. Tout doit s'expliquer par la logique.
3. Intelligence visuelle/spatiale Capacité de bien percevoir le monde, de se faire une image mentale juste des choses. 	Aptitude à percevoir correctement le monde spatiovisuel et à y apporter des transformations.	Apprend par l'image, les graphiques, les illustrations, l'art. Crée des images mentales. Recherche l'équilibre et l'harmonie. Perçoit les relations entre les objets. Perception correcte des objets et de l'espace selon différentes positions. Imagination fertile, perçoit des sensations en l'absence d'objets. Se situe dans l'espace. Manipule les images. Perçoit par le biais des formes, des couleurs, des textures, des designs. Visuels purs.

4. Intelligence interpersonnelle Capacité à être en empathie avec les autres. 	Aptitude à discerner l'humeur, le tempérament, la motivation et le désir des autres personnes et à y répondre correctement.	Aime la vie de groupe, sociable. Travail en coopération. Intérêt communautaire. Voit les choses d'un autre point de vue. Distingue les éléments. Communication verbale et non verbale. Crée et maintient la synergie. Sensible aux « humeurs » et aux motivations des autres. Forme d'intelligence intégratrice tournée vers les autres. Habileté à comprendre et à interagir avec les autres. Besoin des autres pour apprendre.
5. Intelligence intrapersonnelle Capacité de se comprendre et d'utiliser cette compréhension pour mieux vivre. 	Aptitude à accéder à ses propres sentiments et à reconnaître ses émotions ; connaissance de ses propres forces et faiblesses.	Aime le travail individuel. Travail portant sur ou à partir de soi. Aime apprendre à apprendre. Concentration, autodiscipline. Sens de l'autocritique, l'échec fait mal. Pensée et raisonnement articulés. Forme d'intelligence intégratrice tournée vers soi. Différents états de conscience (spirituel, intuitif, intérieur). Capacité à se comprendre, à se former une représentation. de soi fidèle et précise et de l'utiliser efficacement dans la vie. Introvertis ayant besoin d'être mis en confiance. Travail solitaire.
6. Intelligence corporelle/kinesthésique Capacité à apprendre par la pratique, de bien manipuler les objets, à utiliser le corps pour exprimer ses émotions. 	Aptitude à maîtriser les mouvements de son corps et à manipuler des objets avec soin.	Engagement physique dans la résolution d'un problème. Ne lit pas les consignes, agit. Utilise l'expression corporelle. Lien corps-esprit fort. Apprend par le biais des sensations corporelles. Communique par et avec le geste Exploration corporelle (touche, manipule, déplace). Contrôle des mouvements volontaires. Automatisation de certains mouvements.
7. Intelligence musicale Capacité de comprendre la musique et de s'exprimer par elle. 	Aptitude à produire et à apprécier un rythme, une tonalité et un timbre ; appréciation des formes d'expression musicale.	Etudie plus facilement lorsque la leçon est musicale ou rythmée. Intuition basée sur le son, perception naturelle. Sensible aux sons, aux tonalités et à leurs caractéristiques. Comprend la structure musicale. Recherche les schémas musicaux. Reproduit, reconnaît ou crée des mélodies ou des rythmes. Auditifs purs.

8. Intelligence naturaliste Capacité à comprendre, classer et expliquer la nature. 	Aptitude à discerner l'organisation du vivant.	Aime mettre les choses en lien avec l'environnement. Sensibilité aux modifications de l'environnement. Perception sensorielle élevée. Forts liens avec la nature, les animaux, les phénomènes naturels. Sens de l'organisation et discernement du vivant et de la nature en général ; catalogage et classification par extension, s'applique à la culture et à différents secteurs. Intelligence qui a permis (permet) à l'homme de survivre.

Localisation des huit intelligences dans le cerveau

Chaque intelligence décrite par Howard Gardner est localisée dans une partie du cerveau. Comme vous pourrez le constater en comparant ce schéma avec celui de « La géographie du cerveau », plusieurs de ces intelligences correspondent à une globalisation de certaines sous-fonctions cérébrales.

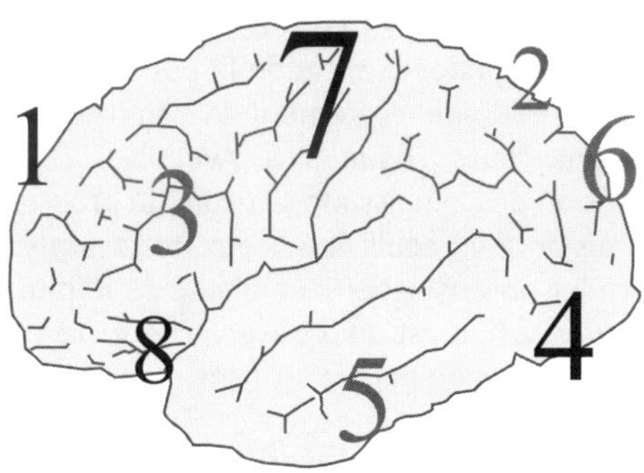

1. Verbale/linguistique
2. Logique/mathématique
3. Visuelle/spatiale
4. Interpersonnelle
5. Intrapersonnelle
6. Corporelle/kinesthésique
7. Musicale
8. Naturaliste

A quoi peut servir cette théorie ?

Le point certainement le plus intéressant de la théorie des intelligences multiples concerne la coexistence de plusieurs systèmes cérébraux relativement autonomes les uns par rapport aux autres. De ce fait même, on constate que les intelligences sont toujours en interaction. Pour préparer un repas, par exemple, on doit lire la recette (intelligence linguistique), mesurer les ingrédients (intelligence logico-mathématique), concevoir un menu susceptible de plaire à toute la famille ou aux amis (intelligence interpersonnelle).

Plusieurs manières d'être intelligent

Par ailleurs, il existe plusieurs manières d'être intelligent dans chaque catégorie. Ainsi, une personne peut être incapable de lire mais néanmoins avoir une intelligence linguistique élevée qui lui permettra de raconter une histoire de façon à entraîner ses auditeurs.
Dans les ouvrages qu'il a publiés, Howard Gardner montre avec brio que l'importance de telle ou telle intelligence est fonction du contexte social dans lequel elle s'exerce. Ainsi, l'art de la navigation ou celui de la poésie orale seront-ils considérés comme des talents à privilégier dans des sociétés sans écriture ou n'ayant qu'un faible taux d'alphabétisation de la population.
Howard Gardner souligne également le fait que les différentes intelligences sont toutes éducables. Avec le QI, vous avez ou n'avez pas tout bon dès la naissance. Ensuite la progression est bien sûr possible mais pour les seuls élus : ceux qui, ayant un « bon QI », pourront assimiler un enseignement d'ailleurs le plus souvent fait sur mesure pour eux (il n'est qu'à observer le système des grandes écoles en France pour s'en persuader sans grande difficulté).

Possibilité d'éduquer ses intelligences personnelles

Avec la théorie des intelligences multiples, « l'intelligence » est contextualisée, souple et en interaction permanente, éducable et perfectible.
Comme le souligne Gardner, « *les intelligences ne sont nullement des valeurs en elles-mêmes.* [...] *Il s'agit de penser les intelligences hors des programmes d'action particuliers. Bien sûr, il est plus facile d'observer les intelligences quand elles sont exploitées pour mener à bien tel ou tel programme d'action. Il est pourtant plus exact de*

considérer la possession d'une intelligence comme un potentiel : on peut dire, pour un individu en possession d'une intelligence, qu'aucune circonstance ne l'empêche de l'utiliser. [...]
Dans l'étude des talents et des aptitudes, il est habituel de distinguer le savoir-comment (la connaissance tacite de la manière d'exécuter une action) du savoir-que (les connaissances théoriques). Ainsi sommes-nous nombreux à savoir rouler à bicyclette, mais à ne pas savoir comment nous faisons. Les différentes intelligences sont essentiellement des ensembles des savoir-comment – des procédures permettant de faire les choses. »
Il conclut en soulignant le fait que de nombreuses cultures s'intéressent principalement au savoir-faire et très peu à la théorie.

Mieux gérer ses études et mieux s'orienter

C'est pour toutes ces raisons que la théorie de Howard Gardner est particulièrement utilisée en pédagogie. Des classes voire des écoles entières se sont créées dans de très nombreux pays du monde, mettant en œuvre les précepts de Howard Gardner.

Sur le plan individuel, cette manière de voir les choses permet, comme nous le verrons, de mieux piloter ses études en choisissant les outils et programmes correspondant le mieux à nos formes d'intelligence dominantes. Bien que peu de travaux aient été entrepris sur cette question, la théorie des intelligences multiples peut également s'avérer très utile en orientation scolaire et professionnelle. On peut donc, par analogie avec les compétences demandées pour suivre une formation ou occuper un poste, utiliser ses intelligences dominantes pour le choix d'une filière ou d'un métier.
Pour vous y aider, nous avons dressé des ponts avec la méthode TRICAM qui est par ailleurs développée dans notre ouvrage *Pour quel métier êtes-vous fait ?* (Studyrama, 2010 pour la nouvelle édition).

Intérêts et intelligence au service de l'orientation

Inspirée des travaux de John Holland, la méthode TRICAM que nous avons mise au point repose sur une typologie des intérêts en trois grands pôles. Vous en trouverez une description au centre du cercle (voir graphique ci-après). Pour vous tester, vous pourrez utiliser le livre *Pour quel métier êtes-vous fait ?* ou vous rendre sur le site www.club-competence.net qui vous permettra de recevoir un bilan complet.

Intelligences multiples et typologie des intérêts

Pour vous aider dans vos choix d'orientation, voici une comparaison des différentes intelligences proposées par Howard Gardner par rapport à la typologie des intérêts professionnels proposés par John Holland (voir aussi le jeu des métiers dans le chapitre I de la partie II).

La figure ci-dessous représente donc les points de recouvrement entre les intelligences multiples et la théorie des intérêts. Cette mise en relation repose sur l'idée que la réunion des deux théories peut optimiser très nettement vos choix en matière de formations et de débouchés.

Comme on peut le voir, certaines intelligences sont communes à plusieurs types d'intérêts, tandis que d'autres sont propres à un intérêt particulier.

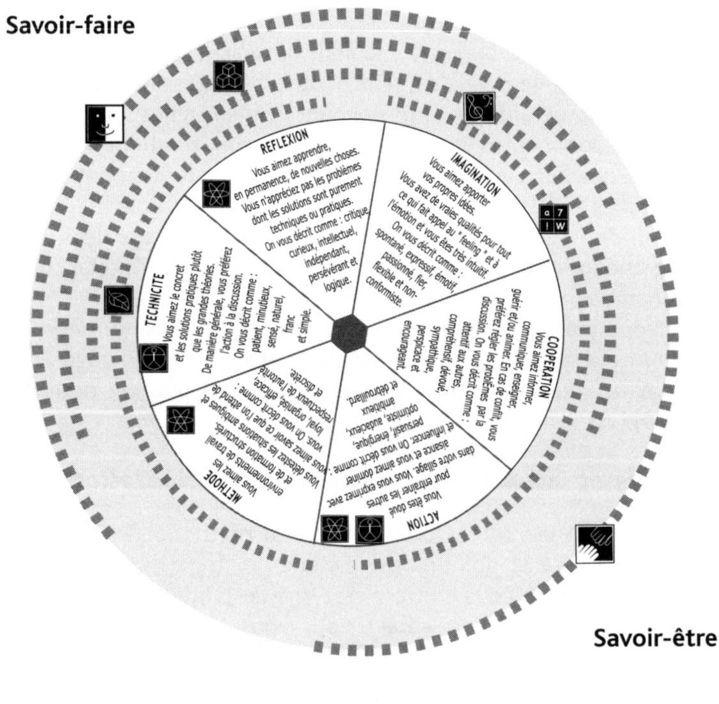

Les intelligences multiples au cœur du travail en équipe

La simple idée de la spécialisation des intelligences introduit inévitablement la notion d'intelligence collective. En effet, au même titre que les intelligences sont complémentaires entre elles pour un individu donné, comment ne pas entrevoir cette même complémentarité lorsque l'on réunit les intelligences de plusieurs individus ? D'ailleurs, dans tout groupe humain, cette interactivité des spécialisations existe de fait et les métiers en sont souvent l'expression. Lorsque l'orientation a été bien faite, on retrouve aux différents postes des personnes ayant des formes d'intelligences, des intérêts et des compétences spécifiques au métier exercé.
Dès l'Antiquité, cette façon de distribuer les tâches en fonction des capacités a été de mise. Ainsi le grand Cicéron a-t-il écrit *De Officiis*, le premier guide des métiers connu, à l'usage de son fils. Il lui présentait les professions d'agriculteur, de poissonnier, de boucher, de cuisinier, de médecin, d'architecte... Platon estimait de son côté que « *chacun de nous n'est pas, de par sa nature, tout à fait pareil à chaque autre, mais cette nature au contraire l'en distingue ; à l'exécution de tâches différentes conviennent des personnes différentes.* »

Howard Gardner, quant à lui, souligne que « *le scientifique ou l'artiste, homme ou femme, qui innove, travaille dans un domaine unique. Il en est au début le seul habitant. Ce qui est particulièrement fascinant, c'est qu'un individu ou un petit groupe d'individus peut si bien explorer et développer des domaines uniques qu'ils deviendront en fin de compte accessibles aux autres. De nombreuses avancées scientifiques ou artistiques, comme le calcul intégral ou la théorie de l'évolution, ont d'abord été des domaines uniques. Elles incarnent aujourd'hui une partie de notre culture. Peut-être en était-il de même autrefois pour la cartographie ou la lecture.* »
Ce phénomène, particulièrement visible quand il s'agit d'innovations totales, reste vrai dans la vie de tous les jours. Dans une famille, un groupe d'amis ou une entreprise, le savoir se constitue par l'agrégation des savoirs et des découvertes de chaque membre du groupe. Un peu comme chez les insectes sociaux, les fourmis par exemple, où seule la mise en commun des intelligences, le plus souvent spécialisées, permet la survie du groupe (voir illustration).

Quand les fourmis jouent l'équipe

Transposée à l'homme, la manière dont les fourmis vivent en collectivité illustre parfaitement la diffusion des innovations sociales ou techniques ou les effets de mode ou d'acquisition de connaissances dans un groupe.

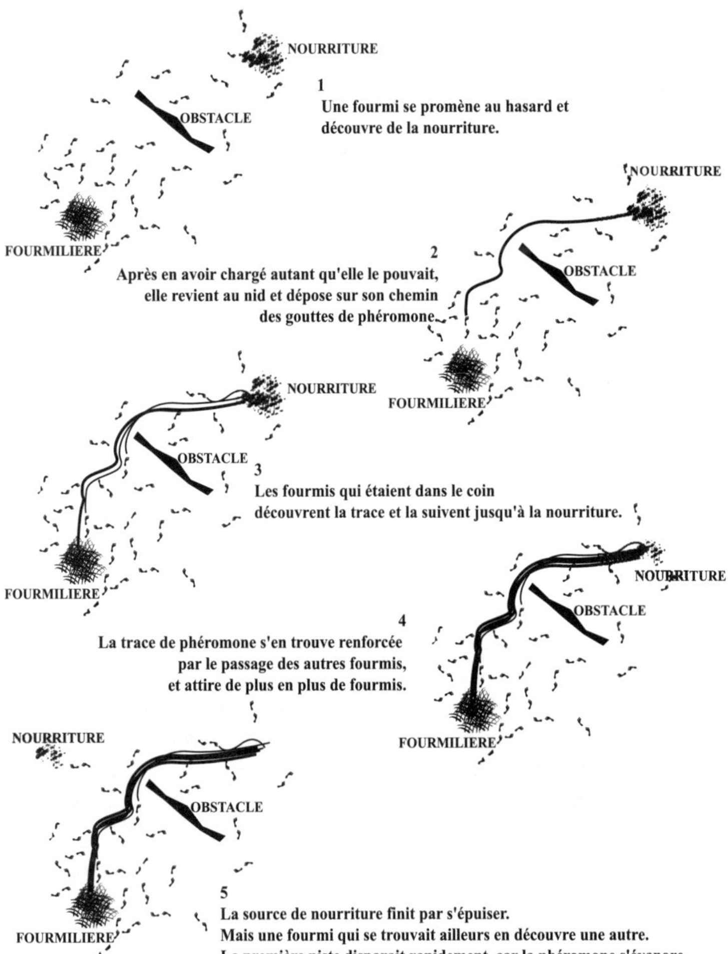

4. Des intelligences multiples à « l'état de fluidité »...

Que ce soit en situation d'apprentissage ou de travail, notre motivation repose en grande partie sur la perception que l'on a de la « qualité » de l'activité en question et de la satisfaction que l'on en retire. Nous éprouvons un réel plaisir lorsque nous accomplissons une tâche dans des conditions où tout se déroule de façon naturelle. C'est ce que l'on appelle l'« état de fluidité » ou le *flow*.

Mihaly Csikszentmihalyi, chercheur en psychologie de l'université de Chicago, a notamment constaté que ceux qui connaissent cet état en parlent en des termes semblables, quelle que soit la nature de l'activité. C'est ainsi que des athlètes, des artistes, des scientifiques ou des travailleurs ordinaires parlent tous de leurs expériences gratifiantes avec les mêmes mots. Une dizaine d'éléments complémentaires, que l'on peut qualifier d'affects, demeurent présents dans le discours de toutes ces personnes.

Le modèle mis au point par Mihaly Csikszentmihalyi montre comment une bonne connaissance de ses intelligences permet d'atteindre un état de satisfaction et de plaisir tout en échappant à l'ennui et au stress (voir schéma « Comment évitez le stress et l'ennui », page suivante). Comme nous l'avons vu, cet état de fluidité dans l'action ne concerne pas seulement les artistes, les chercheurs ou les sportifs de haut niveau ; le modèle semble pouvoir s'appliquer à toutes les formes d'intelligence telles que proposées par Howard Gardner. « *Une activité aussi simple et naturelle que le fait d'amuser un bébé exige d'être attentif à l'enfant, de savoir interpréter ses réactions, de suivre ses progrès. Il ne s'agit pas de posséder des qualités hors du commun ni d'accomplir des prouesses intellectuelles. Il suffit de se concentrer, d'être présent à ce qui se passe et d'y réagir* », précise Mihaly Csikszentmihalyi.

Comment éviter le stress et l'ennui ?

Une bonne connaissance de ses intelligences dominantes permet de créer un état de fluidité où une tâche donnée nous apparaît alors comme une pure partie de plaisir.

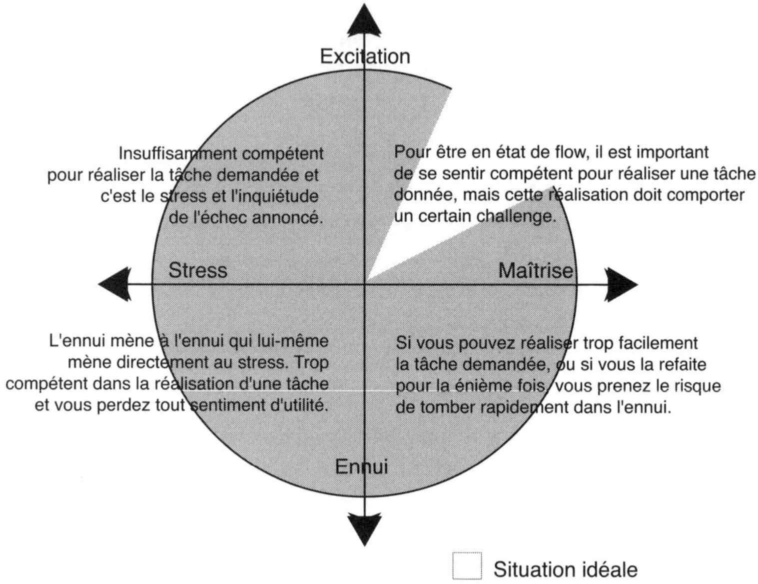

Harmonie entre l'émotion et le rationnel

En se penchant sur les travaux de Csikszentmihalyi, Daniel Goleman (voir chapitre suivant) rapporte que l'état de fluidité représente une manifestation supérieure de ce qu'il appelle « l'intelligence émotionnelle ». Pour lui, il s'agit de mettre l'émotion au service de la performance et de l'apprentissage. En état de fluidité, les émotions ne sont pas seulement contenues ou canalisées dans la tâche ; elles jouent un rôle positivement énergisant qui est nécessaire à une performance maximale ou au dépassement des limites habituelles. Il faut voir cette réunion de l'émotionnel et du rationnel dans un processus holistique (système d'explication global).

Une attention concentrée

L'état de fluidité suppose qu'il y ait pleine concentration sur l'activité en cours. Impossible donc de connaître cet état de fluidité pour un travailleur qui pense à son week-end, pour un chercheur préoccupé par ses enfants ou pour un étudiant qui se soucie du regard des autres sur son travail. On a également remarqué que la clarté du but à atteindre était un des facteurs clés pour faciliter cette pleine concentration de l'exécutant. En somme, pour connaître cet état de fluidité, il faut pouvoir être totalement présent, ici et maintenant.

Une connaissance claire des choses à faire

Lorsque l'on éprouve du plaisir à accomplir une tâche, les objectifs à atteindre et la séquence des gestes à poser deviennent naturellement évidents. Le musicien sait quelle est la prochaine note à jouer, l'alpiniste sait quel est le mouvement à faire, le chirurgien sait quel geste effectuer... Et, faut-il le préciser, il s'agit ici bien plus d'un effet que d'un préalable.

Aucune crainte de l'échec

En état de fluidité, il y a une telle attention pour réaliser ce qui doit être fait qu'il n'y a simplement plus de place pour penser à l'échec. Certaines personnes parlent d'être en plein contrôle de la situation, mais en fait c'est surtout que l'échec n'est absolument pas considéré. Il y a évidence sur ce qui est à faire et l'exécutant se reconnaît la compétence pour le faire. Comment peut-il alors y avoir peur de l'échec ?

L'activité est satisfaisante en elle-même

Un grand nombre de personnes rapportent qu'il existe un plaisir intrinsèque à s'investir dans telle ou telle activité. L'activité devient alors satisfaisante en soi, sans qu'il y ait de justification extérieure pour s'y intéresser. A titre d'exemple, l'apprentissage de l'informatique peut sembler laborieux si la raison pour s'y intéresser est liée à la conservation de son emploi. Cela pourrait être un puissant élément moteur, mais ne mènera en aucun cas à l'état de fluidité. En revanche, il peut arriver que l'étudiant découvre un plaisir réel à explorer les mille possibilités de l'ordinateur, simplement pour le plaisir d'en découvrir les limites. Si je peux reconnaître ce que l'ordinateur me permet de réaliser et que je deviens plus compétent dans le domaine, il y a des chances que je prenne plaisir à m'investir pour moi-même. C'est le plaisir pur et naturel de la découverte. Dans son ouvrage *Creativity, Flow and the Psychology of Discovery and Invention* (non traduit en français), Mihaly Csikszentmihalyi souligne, à cet effet, qu'un des secrets pour mener une vie heureuse consiste à viser l'état de fluidité en multipliant ses champs d'intérêts et de découvertes.

Equilibre tâche/compétence

Dans l'état de fluidité il y a, chez l'exécutant, une perception claire que le défi est réalisable, exempt de stress, en accord avec la capacité que possède cet exécutant à réaliser avec succès ce qui est entrepris. C'est principalement une question d'équilibre entre la capacité « perçue » de réussir et le défi à relever. Pour imager, c'est un peu comme au tennis. Il faut éviter l'ennui de jouer avec un joueur trop faible, tout comme il faut éviter de provoquer une frustration bien légitime en affrontant un joueur trop fort. Il s'agit, pour l'essentiel, de trouver la fine ligne entre l'ennui et l'anxiété. Et cela s'applique, bien sûr, tout autant aux activités d'apprentissage.

Absence de la conscience de soi

Dans le quotidien, nous sommes souvent préoccupés par l'image que nous projetons. En état de fluidité nous sommes tellement impliqués dans ce qui est à faire qu'on en oublie de protéger son ego. Paradoxalement, on émerge de l'état de fluidité avec une image améliorée de soi-même ; il y a un certain sentiment d'accomplissement, une auto-reconnaissance de ses compétences dans le domaine d'activité concerné. Ce sentiment permet à certains d'aller au-delà même des frontières de l'ego. Le musicien se sent en harmonie avec le cosmos, l'athlète fait *un* avec son équipe et le lecteur d'un roman vit quelques heures dans le monde imaginaire de l'auteur.

La notion de temps s'estompe

En état de fluidité, on ne voit généralement pas le temps passer. Les heures s'écoulent sans que l'on puisse vraiment en prendre conscience. Mais le contraire a aussi été observé. Une patineuse a déjà rapporté que l'exécution d'une arabesque lui a paru très « étalée » dans le temps quand, en temps réel, cela n'a même pas pris une seconde. Un peu, dans le fond, comme un film qui aurait été visionné au ralenti. En état de fluidité, la perception du temps devient, de fait, une notion très personnelle. Incidemment, les témoignages recueillis faisant état de cette notion élastique du temps sont également assortis de témoignages sur la perte de la notion de l'espace. Il se crée donc comme un filtre dans la perception de tout ce qui est extérieur à l'activité.

La rétroaction est immédiate

La rétroactivité est non seulement immédiate, mais elle est aussi omniprésente dans le processus. Le musicien entend qu'il a joué la bonne note, l'alpiniste sait qu'il a bien fait parce qu'il est toujours accroché à sa montagne, le chirurgien voit que son dernier coup de scalpel est impeccable, qu'il n'y a pas de sang...

Howard Gardner et l'état de fluidité

Howard Gardner rattache les observations qui précèdent à la façon la plus saine qui soit de voir l'école et, au-delà, le développement de l'individu. Il part du principe qu'une motivation venant de l'intérieur est de loin supérieure à toute forme de « carotte » que l'on pourrait promettre à l'enfant ou à l'étudiant.

C'est également toute la notion du plaisir intrinsèque à l'activité qui est en cause. Et, pour Gardner, le plaisir de la découverte et du défi s'apprend, ne serait-ce que par l'observation de modèles comportementaux. Les intelligences multiples de Gardner gravitent autour du concept de l'identification du profil de compétences naturelles d'un individu (combinaisons de ses intelligences) et du jeu possible de renforcement lorsqu'une activité prend en compte les intelligences mises en cause. En somme, plus vous utilisez vos intelligences dominantes et plus vous avez de chances de connaître l'état de fluidité et de plaisir décrit par Mihaly Csikszentmihalyi.

5. Le cas particulier de l'intelligence émotionnelle

La « découverte » de l'intelligence émotionnelle repose sur les observations de l'Américain Joseph Ledoux. En 1990, ce professeur de l'université de New York s'est aperçu qu'une petite partie des stimuli provoquant nos émotions n'était pas traitée au niveau du cortex mais au niveau d'une petite glande en forme d'amande, logée dans les replis de notre encéphale. Cette glande possède son propre circuit neuronal qui prend le pouvoir dans les moments de fortes émotions ou de danger. Une part de nos émotions échappe donc à tout contrôle rationnel. C'est pourquoi nous avons tant de peine à nous maîtriser dans des moments d'émotions intenses : colère, rage, jalousie, peur, etc.
La maîtrise des émotions, qui se développe grâce aux expériences répétées de l'enfance et de l'adolescence, contribue à façonner ce circuit. Les facteurs cruciaux sont notamment le sérieux et la sensibilité avec lesquels les parents répondent aux besoins de l'enfant, les occasions et les conseils dont il bénéficie pour apprendre à dominer ses contrariétés et ses pulsions. Une théorie de l'intelligence émotionnelle a ensuite été développée par Peter Salovey (Yale) et John Mayer (université du New Hamshire).

Le livre qui a popularisé le concept

Daniel Goleman a popularisé le concept d'intelligence émotionnelle dans un best-seller mondial (plus de 3 millions d'exemplaires vendus, traduction dans plus de 30 langues) intitulé *L'intelligence émotionnelle. Accepter ses émotions pour développer une intelligence nouvelle* (proposé en français dans la collection de poche « J'ai lu »). Paru tout d'abord aux Etats-Unis en 1995, cet ouvrage souligne notamment que des compétences humaines comme la maîtrise de soi, l'autodiscipline, la persévérance et l'empathie sont certaines des qualités indispensables à la réussite de l'individu. Ces qualités dépendent essentiellement du fonctionnement des émotions chez l'individu (ses « compétences émotionnelles ») et impliquent des schémas de pensée sur lesquels on peut intervenir en toute conscience. Pour cela, il importe de reprendre le chemin de nos expériences vécues et d'y considérer le rôle et les mécanismes précis de nos réactions émotives.

Après le grand succès du premier tome, Daniel Goleman est revenu sur son concept pour l'appliquer plus particulièrement au monde du travail (*L'intelligence émotionnelle 2. Accepter ses émotions pour s'épanouir dans son travail*, également paru en poche chez « J'ai lu »). Il reprend le principe qui veut que la conception traditionnelle de l'intelligence laisse complètement de côté les émotions qui régissent pourtant le comportement humain. Ainsi, pour lui, la réussite dépend moins du quotient intellectuel que de l'intelligence émotionnelle fondée sur la compréhension, la maîtrise et l'utilisation des émotions, qualités que chacun peut acquérir. Sous cet angle, l'auteur remet en cause la manière dont chaque individu conçoit une carrière mais aussi la façon dont une entreprise gère son potentiel humain.
Au bout de trois ans d'enquête, passés à rencontrer les dirigeants de près de 500 entreprises ainsi que des cadres et des employés considérés comme des « stars » sur leur lieu de travail, il confirme que la réussite n'est pas liée aux diplômes, ni au QI, ni aux compétences techniques. La différence se fait au niveau de la conscience de soi, de la confiance en soi, du *self control*, de la motivation et de la capacité de chacun à communiquer et à influencer les autres. Ces aptitudes sont destinées à jouer un rôle croissant dans le monde du travail. De plus, les recherches en psychologie et en neurobiologie prouvent que chacun est à même d'améliorer le contrôle de ses émotions. Il donne ici conseils et orientations pour apprendre à les cultiver et à les utiliser.

Les recherches de Daniel Goleman sur l'intelligence émotionnelle, bien que s'appuyant sur la théorie de Gardner dont il reconnaît le bien-fondé, posent la question de l'utilisation de deux concepts distincts pour les intelligences interpersonnelle et intrapersonnelle. Pour sa part, il les regroupe sous le vocable plus large d'intelligence émotionnelle. Cela montre l'intérêt d'avoir des descriptions plus générales du comportement humain, comme nous l'avons vu en mettant en parallèle les intelligences multiples et la théorie des intérêts, utilisée notamment pour l'orientation professionnelle (voir chapitre 3 de cette partie).

Les grands domaines de l'intelligence émotionnelle

Daniel Goleman propose cinq grandes compétences liées à sa théorie de l'intelligence émotionnelle.

Compétences personnelles ou intelligence intrapersonnelle	Compétences sociales ou intelligence interpersonnelle
CONSCIENCE DE SOI Etre toujours conscient de ses sentiments et utiliser ses penchants instinctifs pour orienter ses décisions. S'évaluer avec réalisme et posséder une grande confiance en soi. MAITRISE DE SOI (autorégulation) Gérer ses émotions de façon à ce qu'elles facilitent son travail au lieu d'interférer avec lui. Etre consciencieux et savoir différer une récompense dans la poursuite d'un objectif. Récupérer rapidement une perturbation émotionnelle. MOTIVATION Utiliser ses envies les plus profondes comme une boussole qui guide vers ses objectifs, aide à prendre des initiatives, à optimiser son efficacité et à persévérer malgré déconvenues et frustrations.	EMPATHIE Etre à l'unisson des sentiments d'autrui, être capable d'adopter son point de vue et d'entretenir des rapports harmonieux avec une grande variété de gens. APTITUDES HUMAINES Bien maîtriser ses émotions dans ses relations avec autrui et déchiffrer avec acuité les situations et les réseaux humains. Réagir avec tact. Utiliser ces aptitudes pour persuader, guider, négocier et régler les différents, pour coopérer et animer des équipes.

Calculez votre QE (quotient émotionnel)

Ce mini quiz a été conçu par Daniel Goleman lui-même pour permettre de tester son niveau d'intelligence émotionnelle. Pour chaque question, entourez la réponse qui vous convient le mieux, puis reportez-vous aux réponses pages 48 et 49 pour comptabiliser vos points.

1. Votre avion est en proie à de violentes secousses. L'hôtesse annonce :* « Nous traversons une zone de fortes turbulences. » *Que faites-vous ?

a) Vous continuez à bouquiner ou à regarder le film comme si de rien n'était.

b) Vous observez du coin de l'œil le personnel de bord et relisez la feuille d'instruction *En cas d'urgence*.

c) Vous faites un peu de *a* et un peu de *b*.

d) Vous n'en savez rien : vous n'avez jamais prêté attention à cela.

2. Vous êtes au parc avec une bande d'enfants de 4 ans. Une fillette pleure parce que les autres ne veulent pas jouer avec elle.

a) Vous les laissez se débrouiller.

b) Vous discutez avec elle en essayant de trouver comment faire pour que les autres l'acceptent dans leurs jeux.

c) Doucement, vous lui dites : « *Voyons, ne pleure pas.* »

d) Pour la distraire, vous lui lancez : « *Viens ! On va jouer à autre chose.* »

3. Vous espériez obtenir un 6/20 en maths, et vous n'avez qu'un 4.

a) Vous faites des plans pour vous améliorer.

b) Vous prenez la résolution de faire mieux la prochaine fois.

c) Vous pensez : « *Tant pis pour cette matière, je suis bon dans les autres* ! »

d) Vous allez voir le prof et râlez pour qu'il vous mette une meilleure note.

4. Vous vendez des assurances. Après 15 appels, vous faites chou blanc. Découragé, vous vous dites :

a) « *C'est un sale jour, demain ça ira mieux.* »

b) « *Qu'est-ce qui cloche avec moi pour que j'aboutisse à tous ces refus ?* »

c) « *Je vais essayer quelque chose de nouveau dans mes prochains appels.* »

d) « *Je vais changer de boulot.* »

5. Vous êtes manager. Lors d'une réunion, un employé se permet une blague raciste.
a) Vous ignorez. Après tout, ça n'est qu'une blague.
b) Vous faites venir la personne dans votre bureau et la réprimandez.
c) Devant tout le monde, vous faites immédiatement remarquer qu'ici on ne fait pas ce genre de blagues.
d) Vous suggérez à l'employé de suivre un cours de formation sur le thème des diversités ethniques.

6. Un ami est fou furieux parce qu'un chauffard lui a coupé la route.
a) Vous lui dites de ne pas en faire tout un plat et d'oublier.
b) Vous mettez sa cassette favorite pour le distraire.
c) Vous renchérissez et l'aidez à sortir toute sa haine du chauffard.
d) Vous dites que ça vous est aussi arrivé, mais qu'après coup vous vous êtes rendu compte que la voiture se rendait aux urgences.

7. Scène de ménage dévastatrice...
a) Vous faites une pause de vingt minutes pour vous calmer, avant de reprendre la discussion.
b) Vous stoppez la discussion sans vous troubler et ne répondez pas aux provocations.
c) Vous vous excusez et demandez à votre partenaire d'en faire autant.
d) Vous prenez un instant de réflexion intérieure pour récapituler aussi objectivement que possible vos griefs.

8. Vous dirigez un groupe qui doit résoudre un problème.
a) Vous tirez votre agenda pour que chacun vienne avec les meilleures solutions dans les meilleurs délais.
b) Vous prenez du temps pour que chacun fasse connaissance.
c) Vous demandez à chacun quelles sont ses idées pendant qu'elles sont encore fraîches.
d) Vous mettez sur pied un *brainstorming* : toutes les solutions qui passent par la tête des gens sont les bienvenues.

9. Votre fils de 3 ans est hypersensible : il craint les nouveaux endroits et les nouvelles personnes depuis sa naissance.

a) Il est timide : il faut le protéger.
b) Allons voir un psy pour enfant.
c) Vous l'exposez à ce genre de situations pour qu'il domine sa peur.
d) Vous l'entraînez très progressivement à faire face à des situations de ce type.

10. Vous voulez vous remettre à l'instrument de musique que vous avez négligé dans votre enfance.

a) Vous vous y attelez chaque jour, pour des exercices.
b) Vous choisissez d'abord des morceaux à votre portée.
c) Vous vous y mettez seulement quand vous en avez envie.
d) Vous choisissez des morceaux difficiles, que vous finissez par maîtriser.

RÉPONSES

1. Toutes les réponses sont bonnes, sauf la *d*, qui montre que vous êtes inconscient de vos réponses sous stress.
a = 20, b = 20, c = 20, d = 0

2. *b* est la meilleure réponse. Vous savez utiliser les crises pour en tirer le meilleur parti.
a = 0, b = 20, c = 0, d = 0

3. *a* est la meilleure réponse. La volonté d'élaborer un plan est preuve de *self motivation*.
a = 20, b = 0, c = 0, d = 0

4. *c* est la meilleure réponse, un signe d'optimisme, de persévérance et d'imagination.
a = 0, b = 0, c = 20, d = 0

5. *c* est la meilleure réponse. Vous êtes très clair sur ce qui est socialement permis au sein de l'entreprise.
a = 0, b = 0, c = 20 ; d = 0

6. *d* est la meilleure réponse. Vous êtes capable tout à la fois d'empathie et de calmer la situation en modifiant les points de vue.
a = 0, b = 5, c = 5, d = 20

7. *a* est la meilleure réponse. Vingt minutes sont physiologiquement nécessaires pour que corps et cerveau se calment et se détendent.
a = 20, b = 0, c = 0, D = 0

8. *b* est la meilleure réponse. Le travail en groupe est plus créatif si l'harmonie règne.
a = 0, b = 20, c = 0, d = 0

9. *d* est la meilleure réponse. Vous ne placez pas les gens devant des défis qu'ils sont incapables de relever.
a = 0, b = 5, c = 0, d = 20

10. *b* est la meilleure réponse. Vous savez mêler apprentissage et plaisir, ce qui donne les meilleurs résultats.
a = 0, b = 20, c = 0, d = 0

FAITES VOTRE TOTAL

- Avec 200 points, vous avez un QE maximum.
- Avec 100 points, vous avez la moyenne.
- En dessous, vous avez du chemin à faire...

L'INTELLIGENCE COLLECTIVE EN PRATIQUE

Tout comme les fourmis et leur phéromone (voir ci-dessus), les humains peuvent communiquer à travers l'échange de leurs expériences. Le grand psychologue américain Albert Bandura a d'ailleurs largement démontré que le sentiment d'efficacité personnelle d'un individu était fonction, entre autres, des exemples de réussite ou d'échec de ceux qui l'entouraient. Ainsi, si je suis en contact avec des semblables qui réussissent dans un domaine, j'aurais plus de chances de croire que moi-même je suis capable de réussir dans ce domaine. Si, à l'inverse, je suis entouré de « bras cassés », j'ai de grandes chances d'être moi-même un bras cassé.
C'est sur cette idée simple qu'a été créé le réseau social www.cvmap.com. Chacun fait son CV sous la forme d'une carte assez ludique et peut trouver, autour de lui, les personnes qui lui ressemblent le plus que ce soit en terme d'expérience (formation et jobs) ou en terme de profil d'intérêts. A partir de là, chacun peut contacter et échanger avec ceux qui font ce qu'il aimerait faire. Créé fin 2009, le site totalise aujourd'hui plus de 25 000 cvmap, de l'étudiant au professionnel aguerri.

PARTIE II

QUELLES SONT VOS FORMES D'INTELLIGENCE ET COMMENT LES VALORISER ?

Vous avez désormais une idée de ce que sont les intelligences multiples. La plupart d'entre vous ont certainement déjà sélectionné dans leur tête les deux, trois ou quatre intelligences qui sont dominantes chez eux. Néanmoins, pour vous aider à y voir encore plus clair, voici plusieurs quiz amusants.
Dans le deuxième chapitre, nous vous proposons la synthèse de toutes les informations disponibles sur chacune des formes d'intelligence proposées par la théorie de Howard Gardner. Nous vous donnons également un maximum de « trucs » et astuces pour apprendre à utiliser au mieux vos intelligences dominantes.

1. Testez-vous

Ainsi que l'a souligné Howard Gardner à de très nombreuses reprises, aucun test standardisé ne pourra jamais vous permettre de mesurer avec exactitude les niveaux de vos intelligences multiples. En effet, comme nous l'avons vu dans la première partie avec les tests de QI, les tests formalisés donnent une image finie et uniforme d'un individu et de son contexte social. Pour Gardner, la meilleure manière de se tester consiste en une évaluation contextualisée. On peut même dire que l'on s'auto-évalue tout au long de sa vie, tant il est vrai que nos intelligences peuvent changer grâce à l'expérience et doivent s'adapter à notre environnement. Une fois la théorie bien assimilée, se tester en pensant à la manière dont vous avez tendance à aborder les nouvelles relations avec les autres, mais aussi avec le monde ou encore votre style de résolution des problèmes, reste certainement la solution la plus valable.

Pour vous aider à repérer les points sur lesquels vous devrez vous interroger, nous vous proposons trois tests distincts :
- **le jeu des huit personnages**, que vous devez classer en fonction de leur niveau de ressemblance avec vous ;
- **le grand quiz** comportant une liste de 112 questions. Ce test vous permettra d'établir un histogramme général et d'avoir ainsi une première idée de vos intelligences ;
- **le jeu des métiers** pour vérifier si vous avez bien assimilé les informations qui vous ont été données jusqu'ici. Une excellente façon d'entrer dans le cœur du sujet et de profiter à plein de ce guide.

Les réponses à ces différents jeux vous permettront de disposer d'une première approche quant à vos intelligences dominantes. Vous pourrez ensuite aisément affiner ce résultat en lisant la description détaillée de chacune des intelligences dans le chapitre 2.

Le jeu des huit personnages

Voici la description de huit personnages. Lesquels vous ressemblent et lesquels ne vous ressemblent pas ? Classez-les en fonction de leur niveau de ressemblance avec vous.

Le personnage	Vous ressemble-t-il ? *(donnez une note de 1 à 8 pour exprimer le degré de ressemblance du personnage décrit avec vous-même ; n'hésitez pas à apporter des commentaires)*
Benoît adore parler. Lire et écrire sont des activités particulièrement importantes pour lui. Dans les cours de langue, il se plaît à raconter des histoires, à répéter des phrases compliquées et à la limite de l'imprononçable et à jouer sur les mots ayant une signification différente d'une langue à l'autre. Il aime mémoriser des poèmes ou des longs récits à rebondissements. Il préfère les matières comme l'histoire, la géographie, la philo plutôt que les maths, les sciences. Il est souvent assez fier de ce qu'il fait.	
Arnaud aime les mathématiques et les sciences qui sont ses matières favorites. Il aime comprendre et apprendre en permanence. Il pose souvent des questions pointues sur la manière dont fonctionnent les choses. Il est très fort en calcul mental et très habile en informatique. Il est plutôt indépendant.	
Joyce est une très bonne joueuse aux échecs et aux dames. Elle part souvent dans ses rêves et ce quel que soit l'endroit où elle se trouve. Elle aime apprendre à partir d'images ou de schémas. Quand elle présente ses idées, elle est souvent elliptique, mais on sent qu'elle dispose d'une véritable « carte interne » qui lui permet de visualiser toutes les étapes et les conséquences de son idée.	
Louis joue dans l'équipe de foot de l'université et fait un footing chaque matin. Dès qu'il peut, il s'évade pour faire de la randonnée. Il aime démonter les petits appareils pour mieux comprendre leur fonctionnement. Il n'est pas toujours très causant et est très indépendant.	
Michael est capable de reconnaître n'importe quel morceau de musique rien qu'en écoutant les premières notes. Il joue de plusieurs instruments et n'a pas son pareil pour trouver les bonnes harmonies pour une mélodie. Il chantonne et fredonne à longueur de journée. Lorsqu'il doit réaliser un devoir difficile, il aime écouter de la musique en même temps. De manière générale, il est très doué pour reconnaître et classer les sons.	

Presque tous les ans, Félix est élu représentant de la classe à la quasi majorité des élèves. Il est débrouillard et sait toujours trouver des solutions pour faciliter la vie du groupe. Il est chaleureux, attentif aux autres et déteste les brouilles et la dispute. C'est un ami fidèle qui n'oublie jamais les copains et qui est toujours là pour aider ceux qui rencontrent des problèmes. Il est très populaire.	
François préfère travailler seul et, de manière générale, aime la solitude. C'est quelqu'un de tranquille, d'un peu à part et qui n'a pas beaucoup d'amis. Il est particulièrement indépendant et n'imite que très rarement les autres. Il semble savoir exactement ce qu'il veut et ce qu'il aime. Il s'habille et se comporte à sa façon sans trop se soucier des autres.	
Florence apprécie tout particulièrement la nature. Elle aime l'observer dans toutes ces manifestations, de la flore aux animaux en passant, bien sûr, par les humains. Elle aime lister, regrouper, sélectionner et organiser les données et les informations. Elle est souvent très douée pour théoriser à partir de ses observations de phénomènes.	

RÉSULTATS

Reportez ci-dessous les notes attribuées à chaque profil.

Benoît	Arnaud	Joyce	Louis	Michael	Félix	François	Florence
Verbale/ linguistique	Logique/ mathématique	Visuelle/ spatiale	Kinesthésique	Musicale	Inter-personnelle	Intra-personnelle	Naturaliste

Le grand quiz

Voici une liste de 112 questions sur les différents aspects des intelligences multiples. Pour chacune de ces questions, vous devrez donner une réponse allant de 1 à 6 suivant que l'énoncé de la question correspond peu ou, au contraire, beaucoup à votre manière de raisonner et/ou d'agir.
Il vous suffit pour cela d'entourer le chiffre correspondant. Vous trouverez ensuite un formulaire vous permettant de calculer les points obtenus par chacune des formes d'intelligence.

1. J'aime écrire et raconter des histoires.
Non 1 2 3 4 5 6 **Oui**

2. Je joue ou j'aimerais jouer d'un instrument de musique.
Non 1 2 3 4 5 6 **Oui**

3. Je passe beaucoup de mon temps libre à dessiner.
Non 1 2 3 4 5 6 **Oui**

4. J'ai plusieurs bon(ne)s ami(e)s.
Non 1 2 3 4 5 6 **Oui**

5. J'aime comprendre comment fonctionnent les choses.
Non 1 2 3 4 5 6 **Oui**

6. Je suis très fort(e) en calcul mental.
Non 1 2 3 4 5 6 **Oui**

7. Je suis plutôt bon(ne) en sport.
Non 1 2 3 4 5 6 **Oui**

8. Je me rappelle facilement d'une mélodie.
Non 1 2 3 4 5 6 **Oui**

9. Je visualise facilement mes pensées.
Non 1 2 3 4 5 6 **Oui**

10. J'aime faire des mathématiques.
Non 1 2 3 4 5 6 **Oui**

11. Je sais quand une note musicale est fausse.
Non 1 2 3 4 5 6 Oui

12. Je suis assez indépendant(e) et je tiens à mes idées.
Non 1 2 3 4 5 6 Oui

13. J'aime raconter des histoires et des blagues.
Non 1 2 3 4 5 6 Oui

14. Je lis sans difficulté les cartes, les tableaux et les diagrammes.
Non 1 2 3 4 5 6 Oui

15. J'aime sortir pour rencontrer des ami(e)s.
Non 1 2 3 4 5 6 Oui

16. Je pense être quelqu'un de plutôt populaire.
Non 1 2 3 4 5 6 Oui

17. J'ai une bonne mémoire des noms de personnes, de lieux et des dates.
Non 1 2 3 4 5 6 Oui

18. J'aime bien jouer au Scrabble.
Non 1 2 3 4 5 6 Oui

19. Je chante juste.
Non 1 2 3 4 5 6 Oui

20. Je remue, bouge, tapote ou gigote lorsque je suis assis(e) sur une chaise.
Non 1 2 3 4 5 6 Oui

21. Je rêvasse souvent durant la journée.
Non 1 2 3 4 5 6 Oui

22. J'aime bien tout ce qui se rapporte à l'art.
Non 1 2 3 4 5 6 Oui

23. J'écoute chaque jour des chansons à la radio ou sur CD.
Non 1 2 3 4 5 6 Oui

24. J'aime travailler ou jouer sur ordinateur.
Non 1 2 3 4 5 6 Oui

25. Je sens lorsqu'une personne est en colère, triste ou joyeuse.
Non 1 2 3 4 5 6 Oui

26. Je pressens souvent ce qui arrivera.
Non 1 2 3 4 5 6 Oui

27. J'aime avoir une chambre bien rangée.
Non 1 2 3 4 5 6 Oui

28. Je réagis fortement aux opinions controversées.
Non 1 2 3 4 5 6 Oui

29. Je m'interroge sur les origines et la fin possible de l'univers.
Non 1 2 3 4 5 6 Oui

30. J'aime beaucoup danser.
Non 1 2 3 4 5 6 Oui

31. Je suis plutôt doué(e) pour dessiner des objets ou des personnes.
Non 1 2 3 4 5 6 Oui

32. J'adore imiter les gestes, les manières et les comportements d'autres personnes.
Non 1 2 3 4 5 6 Oui

33. J'aime beaucoup la lecture.
Non 1 2 3 4 5 6 Oui

34. Je joue aux échecs ou à d'autres jeux stratégiques et je gagne souvent.
Non 1 2 3 4 5 6 Oui

35. La musique m'aide à étudier ou à travailler.
Non 1 2 3 4 5 6 Oui

36. Avant de me décider à quelque chose, je pèse le pour et le contre.

Non 1 2 3 4 5 6 Oui

37. Je vérifie si les autres comprennent ce que je leur dis.

Non 1 2 3 4 5 6 Oui

38. Je sais lorsque mon humeur change.

Non 1 2 3 4 5 6 Oui

39. Je pratique plusieurs activités physiques.

Non 1 2 3 4 5 6 Oui

40. J'ai plutôt une bonne orthographe.

Non 1 2 3 4 5 6 Oui

41. Je peux passer des heures à tenter de résoudre des problèmes.

Non 1 2 3 4 5 6 Oui

42. J'ai de nombreux projets qui me tiennent à cœur.

Non 1 2 3 4 5 6 Oui

43. J'aime monter et démonter des objets.

Non 1 2 3 4 5 6 Oui

44. J'aime beaucoup penser aux choses auxquelles je crois.

Non 1 2 3 4 5 6 Oui

45. J'aime collectionner, classer, organiser les choses.

Non 1 2 3 4 5 6 Oui

46. J'apprécie les jeux de mots.

Non 1 2 3 4 5 6 Oui

47. J'aime faire des expériences de nature scientifique.

Non 1 2 3 4 5 6 Oui

48. J'aime toucher ou manipuler ce que je vois.

Non 1 2 3 4 5 6 Oui

49. Je collectionne des CD.
Non 1 2 3 4 5 6 Oui

50. Je suis attentif(ve) lorsque j'écoute une histoire.
Non 1 2 3 4 5 6 Oui

51. J'aime danser sur une musique rythmée.
Non 1 2 3 4 5 6 Oui

52. J'aime me retrouver seul(e) et me consacrer à mes projets personnels.
Non 1 2 3 4 5 6 Oui

53. J'aide mes ami(e)s dans le besoin.
Non 1 2 3 4 5 6 Oui

54. Je me donne des buts et des projets.
Non 1 2 3 4 5 6 Oui

55. J'aime visionner des films et regarder des photographies.
Non 1 2 3 4 5 6 Oui

56. J'ai besoin de toucher les gens lorsque je leur parle.
Non 1 2 3 4 5 6 Oui

57. Je me rappelle facilement les mélodies ou les chansons que j'entends.
Non 1 2 3 4 5 6 Oui

58. Je lis beaucoup et souvent.
Non 1 2 3 4 5 6 Oui

59. Je m'adonne à des activités physiques de façon régulière.
Non 1 2 3 4 5 6 Oui

60. Je me promène souvent avec un « walkman » ou une radio portative.
Non 1 2 3 4 5 6 Oui

61. Je m'amuse ou je me distrais souvent à griffonner sur des feuilles ou sur des pages de livres.
Non 1 2 3 4 5 6 Oui

62. Je me débrouille dans mes activités de chaque jour.
Non 1 2 3 4 5 6 Oui

63. J'organise souvent des activités pour mon entourage.
Non 1 2 3 4 5 6 Oui

64. Je travaille bien seul(e).
Non 1 2 3 4 5 6 Oui

65. J'aime écrire des textes sur ordinateur.
Non 1 2 3 4 5 6 Oui

66. Je suis un(e) bon(ne) gardien(ne) de jeunes enfants.
Non 1 2 3 4 5 6 Oui

67. J'aime lire des bandes dessinées et des livres illustrés.
Non 1 2 3 4 5 6 Oui

68. Je parle souvent de jeux vidéo ou d'histoires d'horreur.
Non 1 2 3 4 5 6 Oui

69. Je fredonne des chansons dans ma tête.
Non 1 2 3 4 5 6 Oui

70. Je participe à des activités parascolaires (association d'élèves ou clubs sportifs).
Non 1 2 3 4 5 6 Oui

71. J'aime résoudre des problèmes difficiles.
Non 1 2 3 4 5 6 Oui

72. Je me rappelle à peu près tout ce que je lis.
Non 1 2 3 4 5 6 Oui

73. Je connais différents genres de musique.
Non 1 2 3 4 5 6 Oui

74. Je chante dans une chorale.
Non 1 2 3 4 5 6 **Oui**

75. Je suis habile dans un art.
Non 1 2 3 4 5 6 **Oui**

76. Je touche les objets lorsque je me promène ou lorsque je me déplace dans la maison.
Non 1 2 3 4 5 6 **Oui**

77. Je suis celui (celle) qu'on consulte lorsqu'il y a un conflit dans ma famille.
Non 1 2 3 4 5 6 **Oui**

78. J'ai plutôt un bon niveau de confiance en moi.
Non 1 2 3 4 5 6 **Oui**

79. Je suis entreprenant(e).
Non 1 2 3 4 5 6 **Oui**

80. Je peux suivre la mesure dans une pièce musicale.
Non 1 2 3 4 5 6 **Oui**

81. Je décide par moi-même ce que je pense, ce que je fais et comment je m'habille.
Non 1 2 3 4 5 6 **Oui**

82. J'aime bavarder sur tout et sur rien.
Non 1 2 3 4 5 6 **Oui**

83. J'adore faire des mots croisés.
Non 1 2 3 4 5 6 **Oui**

84. J'aime jouer aux cartes ou aux jeux de société.
Non 1 2 3 4 5 6 **Oui**

85. Je lis rapidement.
Non 1 2 3 4 5 6 **Oui**

86. J'exprime comment je me sens en le recréant en action.
Non 1 2 3 4 5 6 Oui

87. J'aime résoudre des énigmes.
Non 1 2 3 4 5 6 Oui

88. Je dispose ou je décore des objets de façon esthétique afin que ce soit plaisant pour l'œil.
Non 1 2 3 4 5 6 Oui

89. Je suis plus motivé(e) lorsque je suis indépendant(e) dans mon travail.
Non 1 2 3 4 5 6 Oui

90. Je complète tous les problèmes d'un devoir avant de vérifier les réponses.
Non 1 2 3 4 5 6 Oui

91. J'aime concevoir des nouveaux gadgets.
Non 1 2 3 4 5 6 Oui

92. Je me souvient des messages qui me sont confiés.
Non 1 2 3 4 5 6 Oui

93. Je trouve plaisir à dessiner des formes géométriques.
Non 1 2 3 4 5 6 Oui

94. Je m'exprime avec un vocabulaire riche.
Non 1 2 3 4 5 6 Oui

95. Je connais les mélodies de plusieurs chansons.
Non 1 2 3 4 5 6 Oui

96. Je trouve les failles dans les raisonnements faux des gens.
Non 1 2 3 4 5 6 Oui

97. J'aime m'exprimer dans les discussions de famille.
Non 1 2 3 4 5 6 Oui

98. J'ai beaucoup de considération pour les sentiments des autres.
Non 1 2 3 4 5 6 **Oui**

99. Je pense qu'en cas de besoin, je saurais survivre plusieurs jours en forêt.
Non 1 2 3 4 5 6 **Oui**

100. J'aime beaucoup les animaux de toute nature.
Non 1 2 3 4 5 6 **Oui**

101. J'aime découvrir ce qui distingue les espèces animales ou végétales entre elles.
Non 1 2 3 4 5 6 **Oui**

102. *Je reconnais une espèce animale avec beaucoup de facilité.*
Non 1 2 3 4 5 6 **Oui**

103. J'aime beaucoup faire des travaux qui permettent de classer et organiser des informations, surtout sur des thèmes liés à la nature.
Non 1 2 3 4 5 6 **Oui**

104. Je collectionne ou j'aimerais collectionner les insectes ou les papillons.
Non 1 2 3 4 5 6 **Oui**

105. J'aime la contemplation (de la nature, des animaux...).
Non 1 2 3 4 5 6 **Oui**

106. J'aime beaucoup la biologie.
Non 1 2 3 4 5 6 **Oui**

107. Je contribue activement à la protection de l'environnement.
Non 1 2 3 4 5 6 **Oui**

108. J'aime effactuer des fouilles et découvrir des objets et d'autres choses inhabituelles.
Non 1 2 3 4 5 6 **Oui**

109. J'aime faire des plantations et prendre soin d'un jardin.
Non 1 2 3 4 5 6 **Oui**

110. La meilleure façon d'apprendre pour moi est d'aller en excursion, de voir des expositions sur la nature, etc.

Non 1 2 3 4 5 6 Oui

111. J'ai une collection de coquillages, de tasses, de pierres, de cartes de hockey, etc.

Non 1 2 3 4 5 6 Oui

112. J'aime pêcher et suivre des animaux à la trace.

Non 1 2 3 4 5 6 Oui

CALCULEZ VOS RÉSULTATS

Voici la liste des items se rapportant aux différentes réponses. Comptez le nombre de points attribués pour chacune des intelligences, puis construisez un histogramme (suite de barres verticales) dans le deuxième tableau. Apparaîtra ainsi l'image comparative de votre positionnement sur chacune des huit intelligences.

1		5		2		3		7		4		12		99	
13		6		8		9		20		15		25		100	
17		10		11		14		30		16		26		101	
18		24		19		21		32		38		28		102	
33		29		23		22		39		53		42		103	
40		34		35		27		43		62		44		104	
46		36		49		31		48		63		52		105	
50		37		57		55		51		66		54		106	
58		41		60		61		56		70		64		107	
65		45		69		67		59		77		78		108	
72		47		73		83		68		82		79		109	
85		71		74		88		75		84		81		110	
92		87		80		91		76		97		89		11	
94		96		95		93		86		98		90		112	
Intelligence Verbale		Intelligence logique		Intelligence musicale		Intelligence spatiale		Intelligence corporelle		Intelligence inter-personnelle		Intelligence intra-personnelle		Intelligence naturaliste	

L'histogramme représentant vos intelligences dominantes

Ce schéma est à comparer avec les résultats obtenus au « jeu des huit personnages ». Après avoir lu la suite du livre, vous pourrez également venir modifier cet histogramme au gré de vos découvertes de différentes formes d'intelligence.

85								
80								
75								
70								
65								
60								
55								
50								
45								
40								
35								
30								
25								
20								
15								
10								
5								
	Intelligence verbale	Intelligence logique	Intelligence musicale	Intelligence spatiale	Intelligence corporelle	Intelligence inter-personnelle	Intelligence intra-personnelle	Intelligence naturaliste

Le jeu des métiers

Placez les numéros associés à chaque métier dans les cases appropriées du second tableau, selon les intelligences dominantes nécessaires à l'exercice de la profession. Vous pouvez bien sûr vous aider de l'ensemble des informations contenues dans le présent livre. Le but est de mieux comprendre l'ensemble de la théorie proposée par Howard Gardner.

1. Poète	9. Mathématicien	17. Paysagiste
2. Travailleur social	10. Chirurgien	18. Zoologue
3. Pilote de ligne	11. Danseur	19. Enseignant
4. Chercheur scientifique	12. Ecrivain	20. Détective
5. Psychologue	13. Garde forestier	21. Architecte
6. Musicien	14. Politicien	22. Compositeur de musique
7. Journaliste	15. Philosophe	23. Entomologiste
8. Moine	16. Artisan	24. Chef d'orchestre

INTELLIGENCE			
Verbale			
Logique			
Musicale			
Spatiale			
Corporelle			
Interpersonnelle			
Intrapersonnelle			
Naturaliste			

RÉSULTATS DU JEU DES MÉTIERS

INTELLIGENCE			
Verbale	1	12	7
Logique	9	4	20
Musicale	6	22	24
Spatiale	3	21	17
Corporelle	10	11	16
Interpersonnelle	19	2	14
Intrapersonnelle	5	8	15
Naturaliste	13	18	23

2. Sachez utiliser vos intelligences dominantes

Vous avez répondu aux différents quiz proposés dans le chapitre précédent et vous avez une idée assez précise de vos dominantes et de vos talents intellectuels. Etes-vous d'ailleurs vraiment surpris du résultat ? En fait nous avons tous une idée assez exacte de nos talents mais nous avons souvent besoin d'une confirmation venant de l'extérieur. Au-delà de cette entreprise de « réassurance », cette théorie des intelligences multiples, et tous les travaux menés dans de nombreux pays sur cette théorie, nous permettent de vous proposer un outil avec lequel vous allez pouvoir apprendre à vous servir de vos intelligences dominantes.

Il y a une génération et plus, la plupart des psychologues et les divers spécialistes de la pédagogie croyaient en l'existence de lois générales de l'apprentissage, de la perception, de la mémoire et de l'attention, applicables quel que soit le contenu des matières à apprendre. Comme l'écrit Howard Gardner, « *chaque année qui passe fournit de nouvelles preuves des contraintes profondes qui pèsent sur l'esprit humain* [...]. *Il est désormais établi avec certitude que les individus diffèrent les uns des autres par leurs profils intellectuels. L'éducation doit être conçue de manière à répondre à ces différences. Au lieu de les ignorer et de prétendre que tous possèdent (ou devraient posséder) le même type d'esprit, nous devrions au contraire assurer une éducation qui maximalise le potentiel de chacun.* » (*Les intelligences multiples. Pour changer l'école : la prise en compte des différentes formes d'intelligence*, Retz, 1996.)

Dans les pages qui suivent nous vous proposons la synthèse de toutes les informations disponibles sur chacune des formes d'intelligence proposées par la théorie de Howard Gardner.
Vous êtes bien sûr impatient de lire les deux ou trois descriptions des intelligences dont vous vous sentez le plus proche. Nous vous conseillons néanmoins de lire l'ensemble des sept descriptions (il manque en effet celle concernant l'intelligence naturaliste, qui a été créée ultérieurement par Gardner). Il s'agit non seulement d'avoir une idée précise de votre propre profil mais aussi de comprendre l'ensemble des comportements et des manières d'aborder le monde.

Cela vous permettra de mieux appréhender la composition toute personnelle de votre « portefeuille d'intelligence », constitué par vos différences qui sont autant de complémentarités possibles avec les autres, mais aussi de mieux cerner des attitudes et manières de faire et de raisonner qui vous étaient jusqu'ici étrangers : une occasion unique pour apprendre à vivre en bonne intelligence avec les autres.

Howard Gardner va d'ailleurs plus loin en nous invitant à penser l'intelligence comme étant le plus souvent « distribuée » :
« *En même temps que nous réalisions petit à petit que l'intelligence ne pouvait pas être conceptualisée en dehors du contexte dans lequel les individus vivent, nous nous sommes rendu compte parallèlement que l'intelligence existe dans une proportion significative hors des limites corporelles de l'individu. Pour être plus précis, la notion d'intelligence distribuée souligne le fait qu'il est rare, voire impossible, de trouver des individus productifs qui travaillent seuls, en n'utilisant que leur tête. En règle générale les individus se servent de toutes sortes d'objets inanimés et de prothèses humaines. Ces entités s'intègrent si bien aux activités qu'il est raisonnable de les considérer comme une partie intégrante de l'équipement intellectuel de l'individu.* [...] *L'intelligence provient en partie des nombreux individus auxquels une personne a recours pour résoudre des problèmes, prendre des décisions ou se souvenir de faits, de procédures ou de concepts importants. On la trouvera aussi dans toute une variété d'outils, qui vont du bloc-notes personnel comportant des informations sur un travail en cours jusqu'à l'ordinateur central qui a accès à des informations provenant du monde entier.*
En utilisant la terminologie classique, on pourrait tout simplement choisir de restreindre l'intelligence au contenu de l'esprit d'un individu, hors de toute prothèse, humaine ou non. Mais les défenseurs de la conception distribuée soutiennent que cet usage traditionnel entretient la confusion, dans la mesure où il sous-tend que le travail intellectuel serait un acte isolé. La démonstration la plus convaincante de la faiblesse de la conception conventionnelle se trouve dans l'expérience de pensée suivante : soustrayons un nourrisson à son milieu physique et social, ou le travailleur à son cadre professionnel, à ses collègues, à ses ordinateurs et à ses archives. Privé de ces supports, l'organisme devient effectivement "stupide". De plus, même quand un individu semble en grande mesure travailler seul, il s'appuie en fait sur les expériences et les compétences acquises dans un environnement distribué mais qui ont été, avec le temps, intériorisées et automatisées. »

L'intelligence verbale/linguistique

La forme d'intelligence la plus présente dans notre société

« *La compétence linguistique est, de fait, l'intelligence – la compétence intellectuelle – qui semble la plus largement et la plus démocratiquement partagée au sein de l'espèce humaine* », écrit Gardner avant de détailler les quatre grands aspects de la connaissance linguistique qui se sont révélés importants pour les hommes.
« *En premier lieu on trouve l'aspect* ***rhétorique*** *du langage – l'aptitude à utiliser le langage pour convaincre d'autres individus à agir. C'est l'aptitude que les dirigeants politiques et les avocats ont développée au plus haut degré, mais que tout enfant de trois ans désireux d'une seconde part de gâteau a déjà commencé à cultiver.*
Le deuxième aspect, c'est le potentiel ***mnémonique*** *du langage – la capacité à utiliser ces outils pour se souvenir d'une information, de la liste de biens que l'on possède aux règles d'un jeu, des instructions pour trouver sa route aux procédures pour faire fonctionner une nouvelle machine.*
Un troisième aspect du langage est son rôle pour ***fournir des explications*** *simples, aujourd'hui, de plus en plus, à travers l'écrit. Les sciences en donnent un exemple parfait. En dépit de l'importance évidente du raisonnement logico-mathématique et des systèmes symboliques, le langage reste, dans les manuels, le meilleur moyen pour transmettre les concepts fondamentaux.*
En outre le langage fournit les métaphores essentielles pour ***lancer et expliquer un nouveau développement scientifique***. »

L'intelligence linguistique, forme d'intelligence la plus présente dans notre société, concerne la capacité à transcrire sa pensée en mots, à utiliser le langage pour communiquer, à apprécier la complexité d'une pensée qui nous est formulée et à utiliser les règles liées à la communication. Cette facilité à jouer avec les mots et à exprimer des idées ouvre les portes à des domaines tels que : la lecture, l'écriture, la narration de textes et la poésie.
Selon Gardner, l'acquisition de cette intelligence ne relève pas d'un processus général mais d'une suite d'opérations reliées à la syntaxe et à la phonologie. Les fonctions pragmatiques et séman-

tiques requièrent, en plus, le recours à d'autres intelligences. Cela fait de l'intelligence langagière celle qui est la plus complète.

Quelques caractéristiques :
- utilisation adéquate des mots ;
- compétences au verbal (syntaxe, phonologie, sémantique) ;
- pragmatisme.

Quelques aspects comportementaux :
- expliquer un historique ;
- délibérer sur un sujet ;
- produire un écrit (tous types confondus) ;
- raconter une histoire ;
- diriger un débat ;
- animer une émission de discussion, une interview ;
- inventer un slogan.

Comment la reconnaît-on ?
On reconnaît particulièrement cette intelligence chez quelqu'un qui aime lire, qui parle facilement, aime raconter des histoires et en entendre, qui apprécie les jeux avec des mots (mots croisés, Scrabble, etc.), les jeux de mots, les calembours. L'individu doué d'intelligence verbale/linguistique parle beaucoup, possède une bonne mémoire des dates et des noms, aime la diversité des voix et se rappelle des histoires drôles.

Son positionnement
La plupart des systèmes d'enseignement reconnaissent cette intelligence. Si elle n'est pas suffisamment développée, on se trouve rapidement en situation d'échec scolaire.
Les difficultés à transcrire sa pensée peuvent également créer le sentiment d'être incompris (en particulier face à ceux qui maîtrisent mieux cette intelligence) et engendrer des réactions de violence.

Points forts
- Apprend à travers les mots (pense en mots, non en images).
- Aime parler, écrire et expliquer.
- Comprend les consignes.
- Bonne mémoire.
- Sens de l'humour.

- Sens de la syntaxe, sensible au sens des mots, au bon usage.
- Sensible aux sons, à la rythmique des mots.
- Convainquant.
- Vocabulaire étendu.

Pistes pour en favoriser l'expression
Faire des présentations, argumenter, persuader, prononcer des discours, jouer des rôles, dialoguer, écrire, faire des comptes rendus, amorcer la conversation, écouter des enregistrements, lire (particulièrement des livres comportant des dialogues)...

L'intelligence logico-mathématique

L'intelligence liée à une vision rationnelle du monde

L'intelligence logico-mathématique est l'habileté à calculer, quantifier, considérer des résolutions de problèmes, émettre des hypothèses, résoudre des problèmes complexes de mathématiques. Cette forme d'intelligence permet de percevoir les liens entre des éléments, de jongler avec des symboliques, d'induire et de déduire, de chercher une régularité, des arrangements numériques et des « patrons » mathématiques.
Par sa dynamique, cette forme d'intelligence travaille de façon contrôlée et rigoureuse. C'est le type d'intelligence qui pousse les gens vers les domaines de la science et de l'informatique. La personne qui utilise cette forme d'intelligence est susceptible de découvrir une idée potentiellement prometteuse et d'en dégager des implications. Elle cherche spontanément à dégager les règles et les principes de fonctionnement des concepts qui lui sont présentés.

Pour Howard Gardner, « *on a défini comme un plaisir propre aux mathématiques l'aptitude non seulement à découvrir une analogie, mais aussi à en imaginer. Et il semble que le commerce avec des éléments qui sont contraires à l'intuition donne encore aux mathématiciens une sorte de satisfaction particulière. Vagabonder dans le royaume des nombres imaginaires, des nombres irrationnels, des paradoxes, des mondes possibles et impossibles, ayant chacun ses propriétés propres, donne encore d'autres mets délicats. Peut-être n'est-ce pas un hasard si Lewis Carrol, un des inventeurs exceptionnels d'un monde contraire aux faits, était aussi un logicien et un mathématicien de première classe.* »

La fonction de mémoire permet aussi de s'engager dans des comparaisons entre l'ici, le maintenant et l'avant. Il est évident que, pour créer un nouveau concept et mener à terme son projet, cette personne va devoir aller vers d'autres intelligences.
Cette forme d'intelligence a notamment besoin de s'associer à l'intelligence langagière et musicale : « *Le premier homme qui nota l'analogie entre un groupe de sept poissons et un groupe de sept*

jours fit des progrès notables dans l'histoire de la pensée. Il fut le premier homme à concevoir un concept appartenant à la science des mathématiques », écrit Alfred N. Whitehead dans *La science et le monde moderne*. En effet, on peut penser que l'intelligence logico-mathématique est intimement liée à une approche en quelque sorte « comptable » du monde. Avec l'intelligence du langage, et peut-être avant l'apparition de celle-ci, savoir compter a permis de comparer et donc de prévoir (activité ô combien importante pour une espèce qui veut survivre et se développer).
Si, au départ, cette intelligence naît d'une confrontation avec le monde des objets (elle permet de les ordonner, d'évaluer leur quantité...), elle ne tarde pas à s'éloigner du monde matériel pour envahir celui du raisonnement et de l'abstraction pure, de la théorie et de la logique qui sous-tend chaque chose et chaque événement (enfin presque).

Henri Poincaré distinguait deux types d'aptitudes liées à cette forme d'intelligence. La première est la mémoire que l'on a des étapes permettant de construire un raisonnement. Cette aptitude est suffisante pour se rappeler et appliquer la plupart des raisonnements nécessaires au quotidien. La deuxième, la plus importante pour Poincaré, est la capacité d'évaluer la nature des liens entre les différentes propositions. Elle seule permet de recréer de toutes pièces un raisonnement pour en construire de nouveau et/ou renouveler ceux déjà créés.
C'est pourquoi cette intelligence est la plus liée au désir de la découverte, au plaisir de l'investigation. Dans une conception élitiste et concurrentielle du système éducatif et de répartition des positions sociales, on ne s'étonnera plus de la survalorisation de cette intelligence (voir le chapitre 2 de la partie I).

Quelques caractéristiques :
- utilisation adéquate du nombre ;
- capacité à faire des relations, des abstractions, à émettre des conditions, des hypothèses ;
- peut catégoriser, classifier, inférer, généraliser.

Quelques aspects comportementaux :
- formule des opérations mathématiques ;
- crée des jeux de stratégies ;

• utilise des diagrammes pour expliquer ;
• démontre par syllogismes ;
• explique par analogies ;
• réalise des catégories ;
• aime créer des patrons et des symétries ;
• sélectionne et utilise les technologies utiles.

Comment la reconnaît-on ?

Par l'habileté à résoudre les problèmes. Ces personnes posent fréquemment les questions « pourquoi » et « comment », veulent raisonner les choses et savoir ce qui arrivera ensuite. Elles pensent en « étape » et en « séquence ».

Points forts

◗ Recherche un modèle lors de la résolution de problèmes.
◗ Crée des standards.
◗ Pensée déductive et inductive.
◗ A l'aise avec l'abstrait, les symboles et les signes mathématiques.
◗ Distingue les relations et les connexions.
◗ Raisonnement scientifique.
◗ Réalise des calculs complexes.
◗ Reconnaît les problèmes impliquant la logique.

Pistes pour en favoriser l'expression

Travailler sur ordinateur et développer ses connaissances en informatique, effectuer des opérations de classement, s'informer sur les sciences, lire des livres policiers, déchiffrer des codes, visiter des musées...

L'intelligence corporelle/kinesthésique

Une intelligence du concret

Pour la psychologue Marianne Simmel, l'intelligence corporelle/kinesthésique apparaît particulièrement bien dans les mimes du grand Marcel Marceau :

« *BIP* [personnage du mime Marceau, NDA] *traîne sa valise sur le quai, grimpe dans le train, vise une place assise et, avec grand effort, pousse sa valise dans le casier qui se trouve au-dessus de sa tête. Quand le train démarre, BIP est secoué sur son siège, tandis que sa valise quitte sa position précaire et tombe. Il s'arrange pour la rattraper et la replace ensuite avec soin sur la tablette. Le contrôleur arrive pour poinçonner son billet. BIP fouille dans ses poches et, de plus en plus désappointé, les retourne, tandis que le mouvement du train continue à le secouer. Il ne trouve toujours pas son billet et se met à chercher frénétiquement, inspectant tous les compartiments de sa valise.* »

L'intelligence corporelle proposée par le mime Marceau est une intelligence rare dans notre culture. Ce qui la caractérise, c'est l'aptitude à utiliser son corps avec dextérité. Zinedine Zidane en est un des représentants les plus talentueux. Beaucoup d'entre nous se demandent comment il peut à ce point être maître de ses jambes, qu'il utilise comme nous utilisons nos mains dans la vie courante. Cette intelligence relève de la capacité à utiliser son corps pour communiquer, pour manipuler adéquatement des objets délicats. Les mouvements produits le sont de façon sensible, précise et synchronisée comme s'il y avait une union entre le cerveau qui dirige et le corps qui fait. Historiquement, le peuple grec se servait beaucoup de cette intelligence, que l'on peut qualifier de somato-kinesthésique.

Pour Gardner, le lien entre le cerveau et le mouvement corporel est évident puisque plusieurs parties du corps agissent avec le système nerveux. Une personne atteinte d'un traumatisme qui le prive de ses facultés linguistiques et logiques parvient quand même à effectuer des activités motrices (les autistes par exemple).

Enfin, soulignons les nombreux travaux qui ont montré l'importance des gestes et du corps dans la communication non verbale.

Quelques caractéristiques :
• utilise son corps pour vivre ses émotions ;
• communique avec son corps ;
• produit manuellement ;
• est compétent en coordination, dextérité, flexibilité.

Quelques aspects comportementaux :
• athlétique (pour la précision du mouvement) ;
• danse (pour l'expression par le mouvement) ;
• chirurgien (pour la précision du mouvement) ;
• artiste (pour l'expression dans le mouvement).

Comment la reconnaît-on ?
A travers le désir de bouger, un mouvement constant ou une implication active pour être bien. Les personnes dotées de cette forme d'intelligence ont besoin de se lever, de bouger, de toucher, de prendre les choses et de jouer avec.

Points forts
◗ Engagement physique dans la résolution d'un problème.
◗ Ne lit pas les consignes, agit.
◗ Utilise l'expression corporelle.
◗ Lien corps-esprit fort.
◗ Apprend par le biais des sensations corporelles.
◗ Communique par et avec le geste.
◗ Exploration corporelle (touche, manipule, déplace).
◗ Contrôle des mouvements volontaires.
◗ Automatisation de certains mouvements.

Pistes pour en favoriser l'expression
S'étirer, s'exercer aux jeux de rôles, faire du théâtre, faire de l'exercice, pratiquer un ou plusieurs sports, bricoler, danser...

L'intelligence viuelle/spatiale

L'intelligence propre aux joueurs d'échecs

Selon Howard Gardner, le jeu d'échec est un bon exemple « *pour illustrer le caractère central de l'intelligence spatiale* [...]. *L'aptitude à anticiper les mouvements sur l'échiquier et leurs conséquences semble étroitement liée à une imagerie forte. En effet, les champions d'échecs ont en général une mémoire visuelle exceptionnelle – ou une imagination visuelle, comme ils disent. Pourtant, un examen serré de ces individus révèle qu'ils possèdent un type particulier de mémoire.*
Dans une étude pionnière qui date d'il y a cent ans environ, Alfred Binet, l'inventeur des tests d'intelligence, a examiné la virtuosité mnémonique à l'œuvre dans une partie d'échecs qui se jouait les yeux bandés. Le joueur livre plusieurs parties en même temps contre un nombre égal d'adversaires. Les adversaires peuvent chacun voir l'échiquier pertinent, mais pas le joueur qui a les yeux bandés. Il connaît seulement le dernier coup joué par son adversaire, et c'est sur cette base qu'il doit décider du coup suivant.
Que disent les joueurs eux-mêmes ? Dans l'exposé de Binet, nous trouvons une première indication d'un certain Docteur Tarrash qui écrit : "Toute partie d'échecs se joue les yeux bandés en un certain sens. Par exemple, toute combinaison de cinq coups est menée à bien mentalement – la seule différence étant que l'on est assis devant l'échiquier. Pour le joueur d'échecs, voir son adversaire trouble fréquemment ses calculs." *Nous avons ici la preuve que le jeu est représenté normalement à un niveau relativement abstrait : l'identité des pièces, pour ne rien dire de leurs attributs physiques, est extérieure au raisonnement. Ce qui compte, c'est le pouvoir de chaque pièce – ce qu'elle peut ou ne peut pas faire.* »

Cette intelligence permet à la personne de penser en trois dimensions, de faire de l'imagerie mentale, de raisonner de façon spatiale, de manipuler des images graphiques et de voir des actions en images visuelles, de façon mentale. La personne peut donc reconnaître des configurations spatiales, travailler sur des schémas.

Un non-voyant peut avoir une très bonne intelligence spatiale, en utilisant ses mains. Tout comme un autiste ou une personne souffrant de lésions cérébrales peut parvenir à dessiner selon des configurations géométriques précises.
La personne possédant cette intelligence pourra notamment :
• reconnaître l'identité d'un objet lorsqu'il est vu sous différents angles ;
• imaginer des mouvements ;
• penser aux relations existantes entre l'orientation du corps de l'observateur et la situation observée.

Quelques caractéristiques :
• capacité à percevoir l'espace visio-spatial ;
• capacité à opérer des transformations sur des perceptions ;
• sensibilité aux couleurs, aux formes ;
• perception des relations entre les éléments ;
• capacité à visualiser et à représenter graphiquement des idées.

Quelques aspects comportementaux :
• naviguer sur la mer ou piloter un avion ;
• sculpter, peindre ou dessiner des plans ;
• réaliser des changements de proportions d'un objet ;
• créer des codes de couleur pour identification ;
• fournir une explication précise en s'appuyant sur une image.

Comment la reconnaît-on ?
Elle se reconnaît par une puissante imagination. Ces personnes aiment : concevoir, dessiner, lire des graphiques, les posters, les puzzles représentant des images, les labyrinthes, organiser l'espace, les objets, les surfaces. Elles ont besoin d'images pour comprendre.

Points forts
◗ Apprend par l'image, les graphiques, les illustrations, l'art.
◗ Crée des images mentales.
◗ Recherche l'équilibre et l'harmonie.
◗ Perçoit les relations entre les objets.
◗ Possède une imagination fertile, perçoit des sensations en l'absence d'objets.

- Se situe dans l'espace.
- Manipule les images.
- Perçoit par le biais des formes, des couleurs, des textures, des designs d'ensemble.
- Visuels purs.

Pistes pour en favoriser l'expression

L'art, la pratique de sports (notamment d'équipe), la création de supports graphiques permettant de mieux comprendre un concept, le montage de films et vidéos, le théâtre, la pratique de la planche à voile ou de tout autre sport de glisse, la sculpture, la danse, le vélo, la conduite automobile ou marine, la peinture...

L'intelligence musicale

Une forme d'intelligence liée à toutes les autres

Cette intelligence se distingue par la capacité à discerner des rythmes, des timbres sonores, des tonalités et des mélodies. La personne aura une très grande sensibilité à tous les sons provenant de son environnement. La culture musicale est plus théorique tandis que l'approche figurale est moins encadrée. Certains compositeurs atteints d'un handicap très sévère continuent à composer. Ils ont prouvé de façon incontestable que cette intelligence est une constituante en soi au niveau du cerveau. Le lien étroit qui unit l'affectif, l'intelligence musicale et l'intelligence mathématique, au niveau du rythme et de la composition, nous conduit à penser qu'il existe des points communs dans le traitement des données.
Selon Howard Gardner, l'intelligence musicale portée à son maximum est très liée aux intelligences corporelle (sens du rythme), spatiale (pour la composition), intrapersonnelle mais aussi interpersonnelle, la musique concernant tout autant le monde intérieur des sentiments que le monde de l'échange et de la sociabilité. Enfin, il semble que l'intelligence musicale soit également liée à l'intelligence logique et mathématique.

Quelques caractéristiques :
- capacité à percevoir et à discriminer des sons ;
- faculté à rendre des émotions en musique ;
- capacité à exprimer la musique écrite ;
- très grande sensibilité.

Quelques aspects comportementaux :
- écrire des chansons, des pièces musicales ;
- parler, chanter en rap ;
- identifier des structures rythmiques ;
- trouver des similitudes dans des mélodies ;
- jouer d'un instrument de musique ;
- utiliser une technologie musicale ;
- iriger une pièce musicale ;
- vivre des émotions en écoutant des pièces musicales.

Comment la reconnaît-on ?

Par le plaisir de faire de la musique, des sons, des rythmes. Les personnes possédant une intelligence musicale aiment fredonner et battre le rythme.

Points forts

- Etudie plus facilement lorsque la leçon est musicale ou rythmée.
- Intuition basée sur le son, perception naturelle.
- Sensible aux sons, aux tonalités et à leurs caractéristiques.
- Comprend la structure musicale.
- Recherche les schémas musicaux.
- Reproduit, reconnaît ou crée des mélodies ou des rythmes.
- Auditif pur.

Pistes pour en favoriser l'expression

Garder le rythme, assister à des concerts, utiliser une musique de fond, chanter, utiliser et jouer d'un instrument de musique…

L'intelligence interpersonnelle

Une intelligence tournée vers l'extérieur

L'intelligence interpersonnelle se remarque par l'ouverture qu'une personne possède face aux autres. Cette personne parvient à saisir de façon juste les besoins, humeurs, émotions et réalités de ceux qui l'entourent. Elle ne se contente pas de ressentir les choses : elle n'hésite pas à agir en aidant et soutenant ses pairs. Cette compréhension n'a même pas besoin de passer par des explications de la part du demandant, puisque le non verbal rejoint facilement la personne qui possède une intelligence interpersonnelle.
Ceux qui possèdent ce type d'intelligence sont très créatifs pour trouver des solutions aux problématiques de la vie de tous les jours. Ils ont également une grande facilité à s'exprimer et pourront prendre le « leadership » en maintes occasions.
De façon générale, les enseignants, les travailleurs sociaux, les acteurs et les politiciens ont à utiliser cette forme d'intelligence.

Quelques caractéristiques :
• capacité à percevoir les humeurs, les intentions, les motivations et émotions des autres ;
• sensibilité aux messages gestuels ;
• adaptabilité selon les contextes.

Quelques aspects comportementaux :
• entrer en relation d'aide ;
• percevoir de multiples facettes émotionnelles ;
• enseigner à une autre personne ;
• collaborer dans un travail ;
• aider à résoudre des problèmes ;
• faire de l'écoute réflexive ;
• diriger une équipe.

Comment la reconnaît-on ?
Il s'agit de personnes qui aiment parler et influencer, qui sont habituellement des leaders de groupe, qui communiquent bien. Elles ont un savoir-faire certain pour résoudre les conflits ; elles possèdent une bonne écoute, sont habiles dans les négociations et persuasives.

Points forts

- Aime la vie de groupe.
- Travail en coopération.
- Intérêt communautaire.
- Voit les choses d'un autre point de vue.
- Distingue les éléments.
- Communication verbale et non verbale.
- Crée et maintient la synergie.
- Sensible aux « humeurs » et aux motivations des autres.
- Forme d'intelligence intégratrice.
- Habileté à comprendre et à interagir avec les autres.
- A besoin des autres pour apprendre.

Pistes pour en favoriser l'expression

Se faire des amis, privilégier les situations gagnant/gagnant, mener les discussions, pratiquer l'enseignement et la collaboration, diriger des projets, conseiller des amis, chercher à comprendre les préoccupations des autres, manifester de l'empathie...

L'intelligence intrapersonnelle

Une intelligence tournée vers la vie intérieure

Cette intelligence permet à l'individu de bien se connaître, de comprendre ses émotions, d'orienter correctement ses actions. La réflexion et l'introspection qu'elle implique permettent à la personne de mettre des mots sur des démarches personnelles et d'orienter ses pairs (ex : un psychanalyste, un psychologue, un chef spirituel).
Ces personnes vont privilégier la solitude, la méditation, la réflexion. Elles seront de nature indépendante et auront des objectifs de vie très précis.
Il sera difficile de les influencer. Elles pourront aussi tirer profit d'une expérience vécue, positive ou négative, grâce à la réflexion menée sur l'événement.

Quelques caractéristiques :
- connaissance de soi (forces et faiblesses) ;
- estime de soi ;
- autodiscipline.

Quelques aspects comportementaux :
- réfléchit par analogies ;
- poursuite d'un objectif personnel ;
- réflexion philosophique ;
- partage avec les autres ses valeurs personnelles ;
- s'autodiscipline ;
- mène à bien une tâche ;
- partage sa démarche avec les autres.

Comment la reconnaît-on ?
Notamment à travers le goût pour la solitude. Ce sont aussi des personnes qui aiment réfléchir, ont une bonne compréhension de leurs forces et de leurs faiblesses et savent définir des objectifs.

Points forts
- Aime le travail individuel.
- Travail portant sur ou à partir de soi.

- Aime apprendre à apprendre.
- Concentration, autodiscipline.
- Sens de l'autocritique, l'échec fait mal.
- Pensée et raisonnement articulés.
- Forme d'intelligence intégratrice tournée vers soi.
- Différents états de conscience (spirituel, intuitif, intérieur).
- Capacité à se comprendre, à se former une représentation de soi fidèle et précise et à l'utiliser efficacement dans la vie.
- Introverti ayant besoin d'être mis en confiance.
- Travail solitaire.

Pistes pour en favoriser l'expression

Réfléchir avant d'agir, repartir de ses propres objectifs et intérêts pour prendre une décision, écrire un journal, se relaxer, réfléchir et apprendre sur soi-même, pratiquer des exercices de concentration, méditer, se réserver des temps de solitude...

L'intelligence naturaliste

Une intelligence liée à l'environnement

L'intelligence naturaliste se remarque par l'ouverture qu'une personne possède face à son environnement et à son besoin de se servir de celui-ci pour comprendre le monde. Se distinguant par son intérêt pour la nature, les animaux et les questions écologiques, elle aime particulièrement le travail en plein air. Elle a également tendance à hiérarchiser les choses et n'a aucune difficulté pour comprendre et mémoriser les nombreuses espèces composant son environnement. Les individus et les jeunes intelligents naturalistes ont souvent « la main verte » et sont passionnés par la nature.
Les activités de classement d'objets tels que les voitures, les vêtements et autres éléments de la vie quotidienne, dans leur environnement naturel, les activités de plein air ainsi que le camping sont autant d'exercices pouvant aider à la stimulation de l'intelligence naturaliste de l'enfant. S'il grandit dans un milieu urbain, des journées dédiées à la découverte de la nature et au contact avec la nature ne sont jamais superflues. Certains métiers comme celui de naturaliste, d'écologiste ou d'agriculteur demandent une intelligence naturaliste plus développée. Citons également les biologistes, les psychologues, les sociologues, les astronomes.

Quelques caractéristiques :
- observe la nature, identifie les espèces, fait ressortir les caractéristiques des animaux, des plantes, des minéraux ;
- développe des collections d'animaux, de végétaux, de roches ;
- communique facilement avec les animaux et perçoit leurs besoins ;
- s'occupe d'un ou plusieurs animaux ; aime s'occuper des plantes ou du jardin ;
- se préoccupe de la protection de l'environnement ;
- est sensible au respect des cultures des diverses nations ;
- a un sens aigu de la terre dans sa globalité ;
- conçoit l'importance de chaque être vivant pour l'équilibre de la planète.

Quelques aspects comportementaux :
• aime être dehors, se retrouver dans la nature et pratiquer des sports de plein air respectueux de l'environnement ;
• prend le temps de s'arrêter pour s'émerveiller ;
• ramasse les roches, les feuilles, les insectes, etc. ;
• est intéressé par les nuages, les planètes, le corps humain.

Comment la reconnaît-on ?
Il s'agit d'une personne plutôt « taiseuse » et très indépendante. Elle aime particulièrement échanger sur les sujets qui la passionnent et elle participe peu aux débats sur des sujets plus généraux pour lesquels elle ne se sent pas compétente.

Points forts
- Aime la solitude et la contemplation.
- Est patiente et aime aller jusqu'au bout d'une tâche.
- Intérêt pour la préservation de l'environnement.
- Voit les choses d'un point de vue.
- Est attirée par les éléments naturels.
- Communication non verbale.
- Besoin de se sentir en phase avec la nature.
- Forme d'intelligence corporelle.
- A besoin de toucher pour apprendre.

Pistes pour en favoriser l'expression
Jardiner, visiter des zoos, des aquariums, le muséum d'histoire naturelle, etc. Faire des observations à l'aide de loupe, microscope ou télescope. Faire collection de pierres semi-précieuses, de fossiles ou tenir un herbier. Regarder des documentaires sur la nature, les pays, les animaux...

Hubert Reeves ou encore Charles Darwin sont de beaux exemples d'individus possédant d'une manière très développée cette forme d'intelligence.

3. Mieux réussir grâce aux intelligences multiples

« *Pour tenter de penser l'intelligence humaine, on devrait commencer par regarder ce qu'est l'espèce humaine et par considérer les sphères où ses membres sont portés à avoir des actions efficaces, si on leur donne les ressources adéquates et si l'on intervient au bon moment. Dans cette perspective, dire qu'il n'y a "pas de limite à l'apprentissage" est vain : non seulement il est faux de penser qu'un être peut tout faire, mais là où tout est possible, il n'y a pas de guide pour indiquer ce qu'il faut ou non tenter.*
Mes sept formes clés d'intelligence [huit depuis la rédaction du livre dont ce texte est extrait. Gardner a en effet ajouté récemment l'intelligence naturaliste. NDA] *permettent de définir sept régions intellectuelles dans lesquelles la plupart des êtres humains ont un potentiel de progression important et de suggérer certaines des étapes que les individus franchissent quand ils réalisent ces compétences intellectuelles, qu'ils soient doués ou qu'ils possèdent apparemment des dons particuliers dans un domaine donné* [...].
Nous avons vu pourtant que, à part chez certains individus exceptionnels, ces compétences intellectuelles ne se développent jamais dans le vide. Elles sont plutôt mobilisées par des activités de symbolisation dans des cultures vivantes où elles ont une signification pratique et des conséquences tangibles. Ainsi la capacité (linguistique) innée de traiter certains sons d'une certaine manière est-elle exploitée pour la communication entre les hommes à travers la parole et, dans bien des contextes, à travers l'écriture. Finalement, ces aptitudes ainsi nourries deviennent fondamentales dans certains rôles sociaux, du juriste au poète dans la civilisation occidentale contemporaine, au conteur oral, chaman ou dirigeant politique dans une société traditionnelle.
Un long processus éducatif est nécessaire avant que le potentiel intellectuel brut – qu'il soit linguistique, musical, logico-mathématique ou corporel – puisse se réaliser dans le cadre d'un rôle culturel arrivé à maturité. »
(Howard Gardner, *Les formes d'intelligence*, Odile Jacob, 1997.)

Des implications énormes sur le plan de l'apprentissage

La théorie des intelligences multiples a très vite été adoptée par les pédagogues du monde entier. Il faut d'ailleurs signaler que les psychologues, peut-être plus friands d'outils de mesure et d'évaluation, ont plutôt boudé cette théorie. Aujourd'hui, de très nombreuses écoles ont mis en place des programmes basés sur cette théorie pour aider au « développement du potentiel humain. » L'idée selon laquelle l'investissement dans les ressources humaines et le savoir est aussi voire plus important que les investissements en capitaux dans des projets matériels et industriels est désormais devenue commune.

Toutes les expériences montrent que les intelligences multiples ont deux utilités majeures dans le domaine de l'apprentissage. D'une part, il est possible de développer toutes les intelligences chez un individu donné, quelles que soient ses potentialités de départ. Selon Gardner et de nombreux chercheurs, il suffirait pour cela de développer des programmes *ad hoc*. Tout le monde ne pourra bien sûr pas atteindre le niveau ultimum, mais tous, sauf handicap cérébral, peuvent atteindre un niveau raisonnable. De même, les intelligences les plus présentes chez telle personne seront bien sûr les plus faciles à développer. C'est pourquoi Howard Gardner préconise une évaluation permanente des apprenants afin d'adapter les programmes à leur type d'intelligence dominante.

On arrive ainsi à la deuxième grande utilité de l'approche de l'apprentissage par les intelligences multiples : celle qui consiste à enseigner et apprendre d'une façon qui tient compte des intelligences des « apprenants ».

Tableau comparatif des processus éducatifs dans trois cadres culturels différents

Composante de l'éducation	Talent spécialisé dans une société sans écriture	Lecture et écriture dans une école religieuse traditionnelle	Programme scientifique dans une école moderne
Exemples donnés dans le livre *Les formes d'intelligence*	Navigation des Palau Poésie orale yougoslave	Ecole coranique Guruka hindoue Cheder hébreu Ecole cathédrale médiévale	Ecole élémentaire et secondaire en Europe ; Amérique du Nord et Japon ; programmation sur micro-ordinateur
Intelligences	Linguistique, musicale (poésie orale) Spatiale (navigation) Kinesthésique Interpersonnelle	Linguistique Interpersonnelle Logico-mathématique (pour les étudiants avancés)	Logico-mathématique Intrapersonnelle Linguistique (moins accentuée)
Médiums de transmission	Le plus souvent non médiatisée (observation directe) Une certaine instruction linguistique orale	Poésie orale ou livres	Une grande variété, dont les livres, graphiques, ordinateurs, films, etc.
Lieux d'apprentissage	Sur site	Bâtiment séparé ou à l'intérieur d'un bâtiment religieux	Bâtiment séparé Une part de l'apprentissage peut se faire à la maison ou dans un lieu d'étude privé.
Agents qui transmettent la connaissance	Aînés talentueux, normalement des parents	Individus formés dans l'écriture, la lecture et l'argumentation ; exigence de haute moralité ; statut élevé sauf position moyenne au départ	Individus avec formation en matière éducative à un niveau inférieur ; individus avec une formation spécialisée à des niveaux supérieurs ; non-prise en compte du calibre moral
Contexte général d'apprentissage	La plupart des individus partagent certains talents de base, dont la navigation ; un petit nombre d'individus peuvent devenir experts	La plupart des mâles commencent dans des écoles religieuses ; processus de vannage progressif	Education primaire et secondaire universelle ; de nombreux individus reçoivent une éducation post-secondaire spécialisée ; possibilité de bénéficier de l'éducation tout au long de sa vie, à l'initiative de l'individu.

Source : Howard Gardner, *Les formes d'intelligence*, Odile Jacob, 1997.

Des outils pour mieux apprendre

Les réponses obtenues aux tests du chapitre 1 vous ont permis d'identifier vos formes intelligences dominantes. Chacune d'entre elles entraîne une forme d'apprentissage différente comme nous venons de le voir.
Avant de vous présenter une méthode complète pour mieux organiser et réussir vos études/votre formation professionnelle, nous vous proposons deux outils d'auto-évaluation sur les styles d'apprentissage qui reprennent en partie des éléments de la théorie des intelligences tout en permettant d'ouvrir la réflexion à d'au-tres approches intéressantes.

Hypothèse de mise en relation des diverses formes d'apprentissage

Il s'agit d'une tentative de mise en correspondance à partir de la compréhension des trois théories. Il ne s'agit en aucune manière d'un outil validé mais d'une simple indication. Les exercices d'auto-évaluation qui suivent devraient vous aider à la vérifier.

FORME D'INTELLIGENCE	Linguistique	Logique
FORMES COMMUNE D'APPRENTISSAGE	Besoin des mots pour mémoriser, prendre des notes. Besoin de poser des questions.	Besoin d'investiguer, de déduire et d'induire, d'analyser et faire des synthèses des informations apprises.
STYLES D'APPRENTISSAGE	Pragmatique	Théoricien, réfléchi
STYLE SENSITIF	Auditif et visuel	Visuel

FORME D'INTELLIGENCE	Corporelle	Musicale
FORMES COMMUNE D'APPRENTISSAGE	Besoin de concret, de se servir de ses mains, de son corps.	Aime apprendre avec une musique de fond.
STYLES D'APPRENTISSAGE	Actif	Réfléchi
STYLE SENSITIF	Kinesthésique	Auditif et kinesthésique

FORME D'INTELLIGENCE	Interpersonnelle	Intrapersonnelle
FORMES COMMUNE D'APPRENTISSAGE	Besoin d'apprendre en groupe, nécessité de voir une utilité collective au contenu enseigné.	Nécessité de repartir de sa propre expérience.
STYLES D'APPRENTISSAGE	Pragmatique	Réfléchi
STYLE SENSITIF	Auditif	Visuel

FORME D'INTELLIGENCE	Spatiale	Naturaliste
FORMES COMMUNE D'APPRENTISSAGE	Besoin de schémas, d'images pour assimiler les nouvelles informations.	Besoin d'organiser, de classifier, de comparer l'information nouvelle.
STYLES D'APPRENTISSAGE	Pragmatique	Théoricien, pragmatique
STYLE SENSITIF	Visuel	Kinesthésique, visuel, auditif

Vos styles sensitifs d'apprentissage

QUESTIONS	CHOIX A	CHOIX B	CHOIX C
1. Quand vous étudiez votre planning, comment trouvez-vous le plus facilement la réponse ?	En vous en faisant une représentation graphique.	En énumérant les étapes à haute voix.	En utilisant votre doigt comme guide.
2. Vous avez une liste de mots étrangers à apprendre. Comment faites-vous ?	Vous épelez chacun des mots à voix haute et à de très nombreuses reprises.	Vous recopiez la liste plusieurs fois.	Vous retenez chaque mot.
3. En histoire, vous avez à apprendre divers événements survenus dans un pays ou à une époque donnés.	Vous vous précipitez sur une vidéo ou des documentations illustrées.	Vous vous faites raconter les faits par un oncle spécialiste.	Vous imaginez comment les choses ont pu se passer concrètement en vous mettant dans la peau d'un des personnages.
4. Vous devez comprendre comment fonctionne un réveil matin. Que faites-vous ?	Vous démontez et remontez le mécanisme.	Vous étudiez la notice technique.	Vous écoutez attentivement ce que le professeur en dit.
5. Vous devez apprendre un texte en français. Comment faites-vous pour le retenir ?	Vous racontez l'histoire à un proche.	Vous faites un schéma reprenant les différents personnages et leurs actions.	Vous inventez des actions que vous vous repassez dans votre tête.
6. Vous désirez faire un sport que vous n'avez encore jamais pratiqué. Quelle est la bonne méthode ?	Regarder un entraînement.	Se renseigner et se faire expliquer la règle du jeu par des pratiquants de ce sport.	Vous y allez simplement et vous pratiquez.
7. Dans un cours d'éducation physique, vous êtes sur le trampoline pour apprendre un nouveau mouvement. Comment faites-vous ?	Vous laissez le professeur vous montrer les mouvements, ainsi vous comprendrez mieux comment les faire.	Vous regardez des images des différentes figures.	Votre ami vous explique comment faire.
8. Pendant un cours de dessin, vous devez apprendre à utiliser un nouvel outil. Comment vous y prenez-vous ?	En écoutant les explications de votre professeur.	En pratiquant.	En regardant quelqu'un l'utiliser.
9. Vous n'avez jamais fait de gâteau sans l'aide de quelqu'un. Mais cette fois vous souhaitez le réaliser tout seul. Comment allez vous faire ?	Vous lisez une recette.	Vous demandez à un ami de vous expliquer sa méthode.	Vous commencez tout en vous souvenant comment faire à votre rythme.

QUESTIONS	CHOIX A	CHOIX B	CHOIX C
10. Vous apprenez à compter dans une langue étrangère. Comment faites-vous ?	Vous récitez chiffres et nombres en chantant.	Vous vous servez d'un support graphique.	Vous utilisez un jeu de société.
11. Quelle est pour vous la façon la plus simple d'apprendre par cœur une liste ordonnée ?	Vous la jouez ou la dansez de manière séquentielle.	Vous lisez et relisez cette liste plusieurs fois.	Vous en faites une chanson ou vous ânonnez cette liste en rythme.
12. Dans un cours de sciences naturelles, vous devez apprendre les particuliers des différentes parties d'une espèce végétale. Comment préférez-vous vous y prendre ?	En écoutant très attentivement le professeur.	En observant directement l'espèce en question.	En vous servant d'une illustration très détaillée de la plante.
13. Vous avez besoin de vous rappeler d'un numéro de téléphone. Comment faites-vous ?	Vous imaginez le schéma des chiffres dans votre tête.	Vous répétez ce numéro plusieurs fois à voix haute.	Vous apprenez par cœur l'emplacement des chiffres qui composent le numéro sur votre clavier téléphonique.
14. Comment préférez-vous vous relaxer ?	En faisant une activité physique ou en pratiquant un sport.	En écoutant de la musique.	En regardant la télé ou en lisant.
15. Lorsque vous rencontrez de nouvelles personnes, comment vous rappelez-vous d'elles ?	Principalement par des choses qu'elles ont faites.	Principalement par ce qu'elles ont raconté ou par leurs noms.	Principalement en vous souvenant de leur apparence physique ou de ce qu'elles portaient.
16. Lorsque vous regardez un film, de quoi vous souvenez-vous particulièrement ?	De l'action et des émotions des personnages.	Les dialogues et la musique.	Des scènes et de l'apparence des personnages.
17. Lorsque vous voulez savoir comment vont vos amis, que faites-vous ?	Vous les écoutez attentivement.	Vous regardez leurs expressions et leurs mimiques.	Vous vous fiez à leur manière de se comporter.
18. Lorsque vous cherchez à vous concentrer, qu'est-ce que vous évitez le plus ?	Le bruit.	Une pièce désordonnée.	Un environnement où les gens bougent en permanence.
19. Si vous apprenez quelque chose de nouveau sur ordinateur, comment vous y prenez-vous ?	En écoutant au préalable les instructions.	En essayant de comprendre par vous-même.	En regardant quelqu'un d'autre le faire.

CALCULEZ VOS RESULTATS

QUESTIONS	CHOIX A	CHOIX B	CHOIX C
1.	V	A	K
2.	A	K	V
3.	V	A	K
4.	K	V	A
5.	A	V	K
6.	V	A	K
7.	K	V	A
8.	A	K	V
9.	V	A	K
10.	A	V	K
11.	K	V	A
12.	A	K	V
13.	V	A	K
14.	K	A	V
15.	K	A	V
16.	K	A	V
17.	A	V	K
18.	A	V	K
19.	A	K	V

De manière visuelle	De manière auditive	De manière kinesthésique
Majorité de V	Majorité de A	Majorité de K

Comment préférez-vous apprendre ?

VISUEL	AUDITIF	KINESTHESIQUE
Dit souvent : « Je vois » ou « Ça me semble bien ». Aime regarder ou dessiner des schémas. Bon en orthographe. A une belle écriture. Aime lire. N'aime pas trop les explications orales. Est physionomiste. Aime griffonner en réfléchissant. Tranquille de nature. Ordonné en apparence. Aime les détails. Se souvient des blagues.	Dit souvent : « Ça sonne bien ». Parle fort. Adore parler. Facilement distrait. Aime la musique. Facilement distrait par le bruit. Personnalité ouverte. Se réjouit des activités basées sur l'écoute et la parole. Aime écouter les gens et adore donner des explications à d'autres personnes.	Dit souvent : « Je ne vous suis pas ». Tape avec ses doigts ou son stylo lorsqu'il étudie. Adore les activités physiques. N'aime pas spécialement lire. Essaie souvent de nouvelles choses. A un grand besoin de se dépenser. Se sert des mains pour parler. Aime travailler de ses mains. Aime marcher tout en lisant.

Caractéristiques générales pour chaque préférence

Suggestions pour les visuels

- Prenez un maximum de notes, cela vous aide à apprendre et à retenir.
- Regardez la personne qui parle pour vous focaliser sur ce que vous avez à apprendre.
- Choisissez de préférence des endroits calmes pour travailler.
- Travaillez plutôt chez vous que dans un lieu collectif.
- Utilisez la couleur pour souligner des points importants.

Suggestions pour les auditifs

- Chaque fois que possible travaillez avec un(e) amie(e) pour pouvoir échanger des avis sur le travail à effectuer.
- Lisez à haute voix les choses dont vous devez vous rappeler.
- Avant de lire un texte, regardez toutes les images et n'hésitez pas à dire à haute voix ce que vous pensez de ce que vous voyez et de ce que vous pensez du texte à apprendre.

- Lisez à haute voix le plus souvent possible.
- Faites de même avec les notes prises en cours. Si possible, enregistrez les cours importants afin de pouvoir les réécouter.

Suggestions pour les kinesthésiques

- Pour vous rappeler d'une chose à apprendre par cœur, marchez tout en lisant à haute voix.
- Si vous ressentez le besoin de bouger en cours, croisez vos jambes ou frottez doucement vos pieds sur le sol et malaxez une balle de tennis (évitez le chewing-gum qui déplaît profondément aux profs).
- Quand vous révisez, faites des « breaks » fréquents.
- La position assise n'est pas votre préférée. Lorsque vous révisez, étendez-vous par terre sur le dos. Essayez aussi de travailler avec une musique rythmée.
- Pour mieux mémoriser, essayez de travailler les yeux fermés et de dessiner les mots ou idées dans votre tête.

Les styles d'apprentissage de Honey et Mumford

C'est à partir de 1988 que deux chercheurs en pédagogie, Peter Honey et Allan Mumford, ont l'idée d'un modèle d'apprentissage en quatre phases : l'expérience, le retour sur l'expérience, la formulation de conclusions et la planification.
Selon eux, chacune des phases comporte des conduites et des attitudes propres et est importante pour compléter avec succès le processus même d'apprentissage. Or, la plupart des gens, à travers les réussites et les échecs de leurs conduites dans leurs tentatives d'apprendre, développent des préférences qui leur font « aimer » plus particulièrement certaines phases du processus.

Les quatre styles d'apprentissage sont le style actif, le style réfléchi, le style théoricien et le style pragmatique. Le style actif décrit le comportement de la personne qui privilégie les attitudes et les conduites propres à la phase d'expérience ; le style réfléchi, celles de la phase du retour sur l'expérience ; le style théoricien, celles de la phase de formulation de conclusions ; et le style pragmatique, celles de la phase de planification.

Testez votre style d'apprentissage

Le questionnaire qui suit vise à identifier le ou les styles d'apprentissage que vous préférez. Au cours des années, vous avez probablement développé des habitudes d'apprentissage qui vous ont aidé à tirer davantage profit de certaines expériences.
Comme il est probable que vous n'en soyez pas conscient(e), ce questionnaire va vous aider à cerner vos préférences d'apprentissage de telle sorte que vous serez mieux informé(e) pour choisir des expériences d'apprentissage qui tiennent compte de votre profil en ce domaine.

Il n'y a pas de limite de temps pour remplir ce questionnaire. Cela vous prendra probablement entre 10 à 15 minutes. La justesse des résultats repose sur l'honnêteté de vos réponses. Il n'y a pas de bonnes ou de mauvaises réponses. Vous répondez au questionnaire en indiquant sur une échelle graduée jusqu'à quel point vous êtes en accord ou en désaccord avec l'énoncé de chaque item.

Vous indiquez l'intensité de votre accord ou de votre désaccord en encerclant l'un des sept chiffres de l'échelle :

1. Tout à fait en désaccord
2. Moyennement en désaccord
3. Un peu en désaccord
4. Ni en accord, ni en désaccord
5. Un peu en accord
6. Moyennement en accord
7. Tout à fait en accord

QUESTIONNAIRE

1. Je ressens très fréquemment, et avec justesse, ce que les gens peuvent éprouver.

1 2 3 4 5 6 7

2. Je préfère les travaux que j'ai le temps de préparer et de réaliser à fond.

1 2 3 4 5 6 7

3. Quand j'entends parler d'une idée ou d'une approche nouvelle, j'essaie immédiatement d'y trouver des applications concrètes.

1 2 3 4 5 6 7

4. Je m'entends mieux avec des personnes qui sont logiques et analytiques et moins bien avec celles qui sont spontanées et « irrationnelles ».

1 2 3 4 5 6 7

5. Je considère soigneusement les données disponibles avant de les interpréter et j'évite de sauter rapidement aux conclusions.

1 2 3 4 5 6 7

6. J'aime prendre une décision de façon réfléchie après avoir considéré plusieurs possibilités.

1 2 3 4 5 6 7

7. Je n'aime jamais les choses désorganisées. Je préfère pouvoir les intégrer en un tout cohérent.

1 2 3 4 5 6 7

8. J'aime beaucoup appliquer mes connaissances pour résoudre des problèmes pratiques.

1 2 3 4 5 6 7

9. J'aime pouvoir rattacher mes actions à un principe général.

1 2 3 4 5 6 7

10. Dans les discussions, j'aime aller droit au fait.

1 2 3 4 5 6 7

11. J'aime beaucoup la compagnie de gens qui sont spontanés et qui aiment avoir du plaisir.
1 2 3 4 5 6 7

12. Je prête une attention minutieuse aux détails avant d'en arriver à une conclusion.
1 2 3 4 5 6 7

13. Les gens autour de moi ont souvent tendance à me percevoir comme un « théoricien ».
1 2 3 4 5 6 7

14. Je suis de ceux (celles) qui croient qu'il faut aller droit au but sans perdre de temps.
1 2 3 4 5 6 7

15. Je fais attention à ne pas sauter trop rapidement aux conclusions.
1 2 3 4 5 6 7

16. Je préfère toujours avoir le plus grand nombre de sources d'informations possibles : plus j'ai de données pour alimenter ma réflexion, mieux c'est.
1 2 3 4 5 6 7

17. Les personnes un peu trop désinvoltes, qui ne prennent pas les choses au sérieux, m'irritent habituellement.
1 2 3 4 5 6 7

18. J'écoute d'abord le point de vue des autres avant de donner le mien.
1 2 3 4 5 6 7

19. J'ai tendance à partager ouvertement ce que je ressens.
1 2 3 4 5 6 7

20. Je préfère être spontané(e) et flexible face aux événements plutôt que d'essayer de tout prévoir à l'avance.
1 2 3 4 5 6 7

21. J'ai tendance à évaluer les idées des gens en fonction de leur valeur pratique.
1 2 3 4 5 6 7

22. Je suis porté(e) à me sentir mal à l'aise avec des gens tranquilles et sérieux.
1 2 3 4 5 6 7

23. Il est plus important de goûter au moment présent que de songer au passé ou au futur.
1 2 3 4 5 6 7

24. Je crois que les décisions qui reposent sur une analyse rigoureuse de toute l'information sont plus valables que celles basées sur l'intuition.
1 2 3 4 5 6 7

25. J'ai tendance à être perfectionniste.
1 2 3 4 5 6 7

26. Dans les discussions, j'émets habituellement bon nombre d'idées spontanées.
1 2 3 4 5 6 7

27. Dans les réunions, je fais valoir des idées pratiques et réalistes.
1 2 3 4 5 6 7

28. Je préfère prendre du recul par rapport à une situation et considérer toutes les perspectives.
1 2 3 4 5 6 7

29. Je perçois souvent les inconsistances et les faiblesses dans les arguments des gens.
1 2 3 4 5 6 7

30. Je vois souvent des façons plus pratiques et plus efficaces de faire les choses.
1 2 3 4 5 6 7

31. ***Je crois que la pensée rationnelle et logique devrait prévaloir.***
1 2 3 4 5 6 7

32. J'aime beaucoup essayer de nouvelles choses pour voir si elles fonctionnent dans la pratique.
1 2 3 4 5 6 7

33. J'aime beaucoup trouver des réponses grâce à une démarche logique.
1 2 3 4 5 6 7

34. J'aime être celui (celle) qui parle beaucoup.
1 2 3 4 5 6 7

35. Dans les discussions, je me retrouve souvent à être celui (celle) qui est réaliste, qui maintient les gens au fait et qui évite les spéculations farfelues.
1 2 3 4 5 6 7

36. J'aime envisager plusieurs alternatives avant de prendre une décision.
1 2 3 4 5 6 7

37. J'aime pouvoir situer mes actions dans une perspective globale et à plus long terme.
1 2 3 4 5 6 7

38. J'aime beaucoup voir des programmes de télévision, des films ou des spectacles qui sortent de l'ordinaire.
1 2 3 4 5 6 7

39. Je préfère réfléchir soigneusement avant de passer à l'action.
1 2 3 4 5 6 7

40. Tout compte fait, j'écoute plus que je ne parle.
1 2 3 4 5 6 7

41. Il est très important pour moi de démontrer de manière concrète ce que j'avance.
1 2 3 4 5 6 7

42. Quand des gens énoncent des idées, des règles ou des principes, je conçois facilement diverses façons de les mettre en pratique.
1 2 3 4 5 6 7

43. Quand je vis une nouvelle expérience, je ne veux rien perdre de ce qui se passe.
1 2 3 4 5 6 7

44. Je suis habituellement de ces personnes qui mettent de l'entrain dans une soirée.
1 2 3 4 5 6 7

45. Je provoque fréquemment des situations concrètes pour vérifier mes idées.
1 2 3 4 5 6 7

46. J'aime beaucoup écouter de la musique pour le plaisir sensoriel que cela me procure.
1 2 3 4 5 6 7

47. J'aime beaucoup examiner les présupposés de base, les principes et les théories sous-jacents aux choses et aux événements.
1 2 3 4 5 6 7

48. J'aime les réunions qui se déroulent de façon méthodique, où l'on s'en tient à l'agenda fixé.
1 2 3 4 5 6 7

FEUILLE DE RÉPONSES

N° item	Score	N° item	Score	N° item	Score	N° item	Score
1		2		4		3	
11		5		7		8	
19		6		9		10	
20		12		13		14	
22		15		17		21	
23		16		25		27	
26		18		29		30	
34		24		31		32	
38		28		33		35	
43		36		37		41	
44		39		47		42	
46		40		48		45	
TOTAL		TOTAL		TOTAL		TOTAL	
STYLE ACTIF		STYLE RÉFLÉCHI		STYLE THÉORICIEN		STYLE PRAGMATIQUE	

Description des styles d'apprentissage

Le style actif

Il se caractérise par le goût de s'impliquer concrètement dans une expérience, de plonger dans l'activité « ici et maintenant ». Ce goût est particulièrement stimulé lorsque l'expérience comporte un élément de nouveauté ou de défi et qu'il y a possibilité de jouer un rôle actif en interaction avec d'autres personnes. Le style actif est aussi marqué par le plaisir de s'engager avec les gens, de confronter ses idées aux leurs et de relever des défis ou résoudre des problèmes en équipe. Il se caractérise par la présence d'invention d'idées en l'absence de contraintes de structure ou de normes.

Le style réfléchi

Il se caractérise par l'importance du recul et de la distance prise par rapport aux gens et aux choses. Il est marqué par la prudence et la réflexion approfondie avant de prendre des décisions et d'agir. L'observation, l'écoute, l'accumulation exhaustive de données avant d'émettre une opinion apparaissent essentielles. Revenir sur les événements et réviser ce qui s'est produit sont des conduites importantes. Il se caractérise aussi par le désir de prendre des décisions sans contrainte de temps.

Le style théoricien

Il se caractérise par la recherche de logique et de cohérence dans l'organisation des informations accumulées, mais aussi par le goût de l'analyse et de la synthèse, un intérêt pour les présupposés de base et les principes sous-jacents, une valorisation du rationnel et de l'objectivité. Ce goût est stimulé lorsqu'il s'agit de comprendre et d'expliquer en explorant de façon méthodique les liens entre les idées ou en étant confronté à des systèmes, des modèles ou des théories. Suivre une démarche systématique est très important lorsque des problèmes sont abordés.

Le style pragmatique

Il se caractérise par un intérêt pour la mise en application des idées, des théories, des techniques, dans le but explicite d'en valider le fonctionnement. Il se définit également par une préférence marquée pour les solutions réalistes et pratiques, par des prises de décisions utiles et la résolution de problèmes concrets. Répondre à un besoin immédiat bien identifié, trouver des bénéfices concrets, voire des avantages pratiques sont considérés comme des dimensions importantes de l'apprentissage.

Un peu de méthode...

Apprendre ça s'apprend. Pour vous y aider, nous vous proposons ici une méthode utilisant l'ensemble des informations données dans ce livre. Comme vous pourrez le constater, il s'agit d'une méthode assez simple à appliquer, et de nombreuses recherches menées dans un grand nombre de pays auprès de scolaires et d'étudiants ont montré son efficacité.

De quoi s'agit-il ? La méthode propose d'envisager l'acquisition de nouvelles connaissances grâce à une grille de sept étapes :

1. Reliez les nouveaux contenus à ce que vous savez déjà.
2. Faites-vous une représentation de ce que vous avez à apprendre.
3. Fixez-vous des objectifs réalisables.
4. Utilisez vos styles d'apprentissage sensitifs.
5. Utilisez vos intelligences dominantes.
6. Faites des révisions rapides après un cours.
7. Réflexion sur vos méthodes d'apprentissage.

Etape 1
Reliez les nouveaux contenus à ce que vous savez déjà

Pour entreprendre un nouvel apprentissage, il n'est jamais inutile de repartir de ce que l'on sait déjà. C'est ce qui va nous aider à assimiler plus rapidement de nouvelles notions et informations. Ce savoir antérieur peut être de nature scolaire mais peut également être le fruit de réflexions, de lectures et d'expériences personnelles.
Pour cela, servez-vous de tout ce qui pourra vous tomber sous la main :

- plaquette de présentation de la formation ;
- mots d'introduction du ou des professeurs ;
- survol des manuels de cours ;
- expérience de personnes vous ayant précédé.

Vos questions clés

- Qu'est-ce qui me concerne particulièrement dans ce programme ?
- Qu'est-ce que je sais déjà ?
- De quoi aurais-je besoin pour apprendre plus facilement ces nouvelles notions (notions de base, outils, environnement...) ?

N'oubliez pas d'utiliser vos styles d'apprentissage

Etape 2
Faites-vous une représentation de ce que vous avez à apprendre

Trop souvent, les connaissances sont présentées dans des boîtes que l'on ouvre successivement comme autant d'étapes non reliées entre elles. Il est pourtant démontré que le fait de connaître l'objectif global à atteindre facilite le traitement de l'information par le cerveau droit, hémisphère de la créativité et de l'intuition. Ce travail de représentation préalable, que les Américains appellent « *the big picture* », peut prendre des formes diverses :
- mise en planning des matières à apprendre ;
- repérage de la bibliographie indiquée ;
- recherche sur un moteur de recherche Web (Google, Voila...) à partir des mots clés indiqués dans le programme.

Vos questions clés

- Quelle sont la durée et le rythme prévus pour l'ensemble des parties du programme ?
- Que serais-je capable de comprendre et/ou de faire à l'issue de la formation ?
- Comment rendre tout cela le plus stimulant et intéressant possible ?

N'oubliez pas d'utiliser vos styles d'apprentissage

Etape 3
Fixez-vous des objectifs réalisables

Avoir une « *big picture* » du programme de la formation est une bonne chose. Il faut maintenant approfondir le contenu de chacune des parties en essayant de synthétiser à deux ou trois les résultats attendus. Raisonnez en termes les plus concrets possibles, parlez-en au besoin avec le professeur concerné. Ainsi, à l'issue de chaque cours, vous pourrez vérifier si vous avez atteint les objectifs fixés, ce qui constituera un bon moyen d'entretenir votre motivation.

Vos questions clés
- Quels peuvent être mes objectifs vis-à-vis de ce programme ?
- Qu'est-ce qu'il m'importe le plus d'apprendre dans telle ou telle étape ?

N'oubliez pas d'utiliser vos styles d'apprentissage

Etape 4
Utilisez vos styles d'apprentissage sensitifs

A partir de votre style d'apprentissage sensitif (visuel, auditif, kinesthésique), faites-vous un programme sur mesure.

Vos questions clés
- Ais-je vraiment compris cette information ?
- N'existe-t-il pas une meilleure manière de la comprendre en tenant compte de mon style d'apprentissage sensitif ?

Revoir ci-dessus les styles d'apprentissage sensitifs

Etape 5
Utilisez vos intelligences dominantes

Les différents quiz proposés dans le chapitre 1 de cette partie vous ont permis d'acquérir une assez bonne connaissance de vos atouts sur le plan intellectuel. Il faut maintenant apprendre à les optimiser pour la réussite de vos études.

Vos questions clés
- Quelles sont mes intelligences préférées ?
- Quelles sont les intelligences que je n'utilise pas assez et qui pourtant peuvent m'aider à mieux assimiler les informations de la formation ?
- Quelles sont les meilleures manières d'explorer cette nouvelle matière ?
- Quelle est la meilleure approche ? Puis-je en changer ?

Revoir le chapitre sur les intelligences multiples

Etape 6
Faites des révisions rapides après chaque cours

Les moments de révision améliorent la mémoire à long terme. Des études ont montré que 80 % des informations acquises disparaissent lorsqu'elles ne sont pas révisées dans les 24 heures.

Vos questions clés
- Qu'est-ce que j'ai appris ?
- Qu'est-ce que ça me permet de faire de mieux ou de différent ?
- Comment m'y prendre pour conserver cet acquis ?
- Existe-t-il un moyen de pratiquer ce nouveau savoir ?

N'oubliez pas d'utiliser vos styles d'apprentissage

Etape 7
Réflexion sur vos méthodes d'apprentissage

Si vous avez sérieusement suivi les étapes qui précèdent, vous pouvez atteindre une étape de « méta connaissance » : celle-ci consiste à développer un regard distancié sur ses propres méthodes d'apprentissage. Une occasion unique pour ensuite les améliorer.

Vos questions clés

- Comment me suis-je impliqué dans cette formation ?
- Quels ont été les points positifs et les points négatifs ?
- Comment pourrais-je améliorer mes méthodes ?
- Comment utiliser ce que j'ai appris et comment le transférer à d'autres contextes ?

N'oubliez pas d'utiliser vos styles d'apprentissage

PARTIE III

EXEMPLES DE QUESTIONS POSÉES POUR LE CALCUL DU QI

Pour vous aider à mieux comprendre les différences entre intelligences multiples et quotient intellectuel (QI), nous vous proposons dans cette partie une suite d'exercices semblables à ceux auxquels vous seriez amené à répondre dans le cadre d'un test de QI. Vous trouverez ensuite les résultats à ces différents types de tests. C'est certainement la manière la plus simple de vous faire une idée assez exacte de ce qu'est un tel test.

1. Exercices

Exercice n° 1

Mettez une croix devant les lignes mal recopiées :

a. Papaiounnou Michel 33.22	Papaiounnou Michel 33.22
b. Logereau Angèle 58.38	Logerau Angele 58.38
c. Iosellani Edouard 12.98	Iosellani Edouard 12.98
d. Vicenezi Vincent 80.98	Vicenezzi Vincent 80.98
e. Seberecht Christopher 76 98	Seberecht Christofer 76 98
f. Seberger Margrite 22.98	Seberger Margritte 22.98
g. Ridranaboah Charles 75.98	Radrinaboah Charles 75.98
h. Vernan Cedric 11.22	Vernon Cedric 11.22
i. Ternant Cedric 11.87	Ternant Cedric 11.87

Exercice n° 2

Mettez une croix devant les lignes qui relient des nombres identiques :

a. 3547698	3547698
b. 6875917363	6877517363
c. 97814638532,98	97814638532,98
d. 9785319005607,1	9785319005607,1
e. 974012832270985675	970401283227098675
f. 58945628191918192583	58945628191819192583
g. 9897456181992572553824	9897456181993572553824
h. 876592357984567923818764	876592357982567922818764

Exercice n° 3

Mettez une croix devant les lignes qui réunissent des nombres différents :

a. 8795175	8795175
b. 879617575	879617575
c. 87961757518	87951757518
d. 8797175751854	8795175751854
e. 879717575185423	879517575185423
f. 87971757518542321	87971757518542321
g. 8797175751854232172	8797175751854332172
h. 879717575185433217254	879717575185433217254
i. 87971757518542321725424	87971757518542221725424
j. 8797175751854232172542424	8797175751854222172542424

Exercice n° 4

Faites une croix devant les lignes reliant des noms identiques :

a. Félicien Rops	Félicien Rops
b. Jean Dubuffet	Jean Dubuffet
c. Emile Varhaeren	Emile Verhaeren
d. Henri Michaux	Henry Michaux
e. Lawrence Durell	Laurence Durell
f. Ferdinand Hodler	Ferdinand Holder
g. Maurice Maeterlinck	Maurice Maeterlinck
h. Paul Cezanne	Paul Cézanne
i. Henri Matisse	Henri Matisse

Exercice n° 5

Mettez une croix devant les lignes réunissant des noms différents :

a. Roux et Combalusier	Roux et Combalusier
b. Witlod Gombrowicz	Witold Gombrowicz
c. Peyre de Mandiargue	Peyre de Mandiargue
d. Truman Capote	Truman Capote
e. Zazzo et Pichot	Zazso et Pichot
f. Kohler et Thomson	Kohler et Thomson
g. Wescheler Kraepelin	Wesckeler Kraepelin
h. HJ Eysenck	HJ Eysenck
i. Randy Mandrocot	Randy Mandracot

Exercice n° 6

Réinsérer en bonne place les dix mots suivants dans la liste alphabétique proposée ensuite :

Mots à réinsérer
quintessence, quinteux, quiscale, qui-vive, quitter, quiet, quichua, quintette

Liste alphabétique
quiche
quiconque
quidam
quiddité
quignon
quille
quinaire
quinconce
quinquagénaire
quinquennat
quintefeuille
quintuple
quinzaine
quinzièmement
quiproquo

quittance
quitte
quôc-gnu
quoique

Exercice n° 7

Classez les prénoms par ordre alphabétique en tenant compte des deux critères supplémentaires, profession et ville :

Romain, tailleur, Bordeaux
Raoul, tailleur, Toulouse
René, employé, Bordeaux
Roland, boucher, Bordeaux
Roméo, employé, Bordeaux
Roger, employé, Bordeaux
Richard, boucher, Toulouse
Raoul, tailleur, Bordeaux
Roland, employé, Bordeaux
René, tailleur, Bordeaux
Rémi, boucher, Toulouse
Raoul, employé, Toulouse
Roméo, tailleur, Toulouse
Roland, boucher, Bordeaux
Roland, tailleur, Bordeaux
Roger, tailleur, Toulouse
Roméo, boucher, Bordeaux

Exercice n° 8

Lisez pendant 20 secondes les séries de chiffres suivantes puis complétez le questionnaire proposé page 120 :

2227
2722
5032
12476
12656

Exercice n° 9

Lisez pendant 20 secondes les couples de mots suivants puis complétez le questionnaire proposé page 120 :

enfant	jouet
fleur	tige
gauche	droite
avenir	destin
béton	maison
vendre	acheter
pomme	fruit
ville	arbre
boisson	vin
livre	cahier
chaise	tabouret
nid	cage

Exercice n° 10

Lisez pendant 20 secondes les séries de chiffres suivantes puis complétez le questionnaire proposé page 120 :

3225
65987
356189
3789128
37961852

Exercice n° 11

Lisez pendant 20 secondes les couples de mots suivants puis complétez le questionnaire proposé page 121 :

tombola	tirage
marché	légume
maraîcher	maraîchère
aujourd'hui	demain
cavalier	cheval
frileux	pull-over
lait	pain
campagne	église
virage	route
lointain	horizon

Notez ici vos réponses aux exercices de mémoire

Exercice n° 8

Indiquez, dans l'ordre, la suite des cinq séries de chiffres :

....
....
....
.....
.....

Exercice n° 9

Indiquez pour chacun des mots proposés ici, le mot qui lui est associé :

enfant
fleur
gauche
avenir
béton
vendre
pomme
ville
boisson
livre
chaise
nid

Exercice n° 10

Indiquez, dans l'ordre, la suite des cinq séries de chiffres :

....
.....
......
....
....

Exercice n° 11

Indiquez pour chacun des mots proposés ici, le mot qui lui est associé :

tombola
marché
maraîcher
aujourd'hui
cavalier
frileux
lait
campagne
virage
lointain

Exercice n° 12

Lisez pendant 2 minutes le texte suivant, puis tournez la page et retrouvez les mots remplacés par un blanc dans l'exercice qui suit. NB : le texte est un extrait d'article paru dans le journal *Libération*.

« Résultat : le 1er juillet 1986, Roch Voisine se produit pour la première fois à La Ronde, devant 50 000 spectateurs (dont 49 654 femelles et quelques centaines de culturistes moustachus), à l'occasion des fêtes du Canada. Sa présence scénique (tabouret), doublée d'un éclectisme proprement inouï (il est capable de reprendre aussi bien du Elton John ou du Presley que du Georges Moustaki) fait sensation. Comme on dit outre-Atlantique Nord : « A star is born, kisscaliss du tabernacle.

La télévision se l'arrache. Il présente Vidéo star, une émission culturelle locale style Club Dorothée, fait de la publicité pour les buveurs de lait, un peu comme Dany Logan et ses pirates (on a vu le résultat). »

Texte à compléter

« Résultat : le 1er ....1986, Roch Voisine se produit pour la .... fois à La ...., devant .... spectateurs (dont 49 654 femelles et quelques centaines de .... moustachus), à l'occasion des fêtes du Canada. Sa présence scénique (............), doublée d'un éclectisme .... inouï (il est capable de reprendre aussi bien du .... ou du .... que du ....) fait sensation. Comme on dit outre-Atlantique Nord : « A star is born, kisscaliss du ....
La télévision se l'arrache. Il présente Vidéo star, une émission .... style Club Dorothée, fait de la .... pour les .... de ...., un peu comme Dany Logan et ses .... (on a vu le résultat). »

Exercice n° 13

Complétez les séries de chiffres suivantes :

1. 8.13.18.23. ?. ?
2. 42.35.28.21. ?. ?
3. 4.8.32.256. ?. ?
4. 324.274.224.174. ?. ?
5. 8.21.12.25.16.29. ?. ?
6. 23.46.51.102.107. ?. ?
7. 43.50.46.53.49.56.52. ?. ?
8. 122.110.99.89.80.72. ?. ?

Exercice n° 14

Complétez les séries de lettres suivantes :

1. A.C.E.G. ?. ?
2. V.S.P.M. ?. ?
3. Z.X.U.Q. ?. ?
4. C.D.D.E.F.G.G.H.I.J.J.K. ?. ?. ?
5. D.E.F.I.D.E.F.G.J.D.E.F.G.H.K. ?. ?. ?. ?. ?. ?. ?
6. D.R.Q.D.E.R.Q.P.D.E.F. ?. ?. ?. ?

7. A.C.D.F.G.H.J.L.M.O. ?. ?
8. R.P.Q.O.P.N.O.M.N.L.M.K.L.J. ?. ?
9. Emdonritan ; monde, ?

Exercice n° 15

Complétez les séries combinées de chiffres et de lettres suivantes :

1. B.18.D.23.F.28.H.33. ?. ?
2. E.22.EJG.27.EJGLI.30.EJGLINK. ?. ?
3. 3.T.7.R.12.E.3.E.22.R. ; TERRE—7.I.12.V.3.L.22.L.3.E ; ?
4. VII 4. XII 4. XVIII 7. XXV 6. XXII 6. XXVIII 9. XXV ?
5. Rat – arbre – bateau – voiture – armoiries
3 5 6 7 ?
6. MELANGES 15342957 — 1574295 ?

Exercice n° 16

De l'anagramme (mot formé avec les lettres d'un autre mot, utilisées dans un ordre différent) au palindrome (mot ou phrase qui peut se lire de gauche à droite et de droite à gauche), en passant par les analogies, cet exercice regorge de jeux de mots pour vous aider à exercer votre sagacité.

Complétez les listes suivantes :

1. elle, ressasser, tôt, ?
2. mois, jours, heure ; 12, 365, ?
3. vigoureux, fort, courageux, faible, hardi, ?
4. blanc, vert, clair, noir, bleu, ?
5. repeindre, soustraire, dérégler ; peindre, traire, ?
6. taéblétabli ; abtilerfo, ?
7. nacre, limace ; écran, ?
8. jeune, riche, gai, triste, pauvre, ?
9. riveté, vérité ; ample, ?
10. écrivain : livres ; maçon : maisons ; sculpteur : ?

Exercice n° 17

Trouvez pour chaque couple de mots suivant, un mot qui, pris dans un certain sens, est synonyme du premier et qui, pris dans un autre sens, est synonyme du second :

1. stupide	animal
2. enlever	charmer
3. menu	but
4. navré	désert
5. certain	aigre
6. singulier	indiscret

Exercice n° 18

Dans chaque série vous devez trouver les antonymes, c'est-à-dire les deux mots d'une liste qui ont le sens le plus contraire :

1. insulter, nier, dénigrer, ferme, affirmer
2. manqué, voiler, confondre, secret, exposer
3. franc, évident, commun, simple, furtif
4. aggraver, plaire, jouir, améliorer, aimer
5. ancien, primitif, primordial, primate, ultime
6. court, longueur, raccourcir, élongation, allonger
7. concis, étendu, majorité, extrême, diffus
8. punir, vexer, pincer, ignorer, apaiser
9. répondre, affirmer, emporter, envoyer, réfuter
10. intraitable, insensé, traité, obéissant, désordonné

Exercice n° 19

Quelques exemples d'analogies composées de quatre mots (le premier est relié au second et le troisième au quatrième).
L'exercice qui suit comporte deux parties. Dans la première, on vous propose une liste de quatre mots entre parenthèses parmi lesquels vous devez en souligner deux présentant une analogie. En revanche, dans la seconde partie de l'exercice (qui démarre à la question 6), le troisième mot vous est indiqué. Il vous manque seulement le quatrième, qu'il vous faut retrouver. On vous donne toutefois deux indices : le sens et la terminaison de ce mot.

1. statue est à piédestal ce que (tasse, soucoupe, assiette, jambe)
2. aiguille est à fil ce que (coton, coudre, mener, suivre)
3. meilleur est à pire ce que (joie, choix, mauvais, tristesse)
4. plancher est à support ce que (fenêtre, verre, vue, brique)
5. page est à livre ce que (chapeau, branche, arbre, tête)
6. fier est à humble ce que généreux est à (...ste)
7. brave est à courageux ce que audacieux est à (...ide)
8. prêter est à emprunter ce que harmonie est à (...de)
9. rare est à commun ce que loin est à (...s)
10. crâne est à cerveau ce que chaussure est à (...d)

Exercice n° 20

Dans les phrases suivantes, les termes ont été volontairement mélangés. Il vous faut donc retrouver l'ordre exact des mots pour redonner un sens à la phrase :

1. un arbre la forêt dans ses déploie branches
2. l'Ouest au soleil Pérou se lève à le
3. la maison à d'un moment commencé au bout a se remplir
4. il regarda la fenêtre la pluie tomber dans mer grise par la
5. salade une votre choisissez avec pizza

Exercice n° 21

A travers ces exercices, tirés de tests mis au point par le professeur Bonnardel dans les années 1950 (et joliment dénommés BV 16 et BV 17), vous devez trouver les deux phrases qui vous semblent se rapprocher le plus de la définition du dicton mis en exergue :

1. L'enfer est pavé de bonnes intentions
a. Il arrive que le mal soit fait par des gens qui voulaient faire le bien
b. Le malheur des uns fait le bonheur des autres
c. Les conseilleurs ne sont pas les payeurs
d. Fais ce que je dis mais pas ce que je fais
e. Celui qui parle comme un ange peut agir de tout autre façon
f. Celui qui croit bien faire nous rend parfois des services qui, au contraire, nous desservent

2. Qui va à la chasse perd sa place
a. Il ne faut pas quitter la proie pour l'ombre
b. Celui qui fuit, trouve qui le chasse
c. Les uns lèvent le lièvre, les autres le tuent
d. Le lièvre revient toujours à son gîte
e. Il ne faut pas vendre la peau de l'ours avant de l'avoir tué
f. Un tien vaut mieux que deux tu l'auras

3. L'habit, c'est l'homme
a. On ne dit guère Martin, qu'il n'y ait d'âne
b. Le caractère des hommes ne se montre jamais mieux que dans les choses qui paraissent indifférentes
c. Il ne faut pas montrer ses richesses si l'on veut éviter la convoitise d'autrui
d. Les beaux habits servent fort la mine
e. C'est souvent grâce à des points de détail qu'on découvre l'essentiel
f. Contrairement au proverbe, l'habit fait le moine

4. En petit champ croît son blé
a. Le blé pousse surtout dans les champs de petite taille
b. Le mérite est proportionné à la taille
c. Qui partout sème ne récolte nulle part

d. La taille du blé semble d'autant plus grande que le champ est petit
e. Qu'importe la dimension du champ pour faire pousser du blé
f. Pierre qui roule n'amasse pas mousse

5. Il n'est pas de fumée sans feu
a. Dans le doute, abstiens-toi
b. Les rivières ne deviennent jamais grosses qu'il n'y entre de l'eau
c. La pomme ne tombe jamais loin de l'arbre
d. On ne saurait faire le feu si bas que la fumée n'en sorte
e. De trop près se chauffe qui se brûle
f. Petite étincelle engendre grand feu

6. Quand il tonne, il faut écouter tonner
a. Se mettre à l'abri en cas de tonnerre évite le risque d'être fauché part la foudre
b. A pisser contre le vent, on mouille sa chemise
c. L'orage est souvent plus lointain qu'on ne le croit
d. Quand la poire est mûre, il faut qu'elle tombe
e. Les plus mauvaises situations ont une fin
f. Le vent n'entre point s'il ne voit point par où sortir

Exercice n° 22

Toujours de Bonnardel, le BV8 propose des séries de six mots, parmi lesquels cinq mots relèvent de la même idée. Vous devez donc désigner celui qui se distingue :

1. caractériser, définir, désigner, préciser, montrer, apporter
2. guider, conseiller, ordonner, éclairer, indiquer, aider
3. distinctif, exclusif, particulier, rassembleur, spécial, propre
4. alimenter, restaurer, manger, nourrir, rassasier, sustenter
5. marxisme, darwinisme, mutationnisme, machinisme, transformisme, évolutionnisme
6. malicieux, audacieux, dangereux, heureux, courageux, sérieux
7. rouge, bleu, jaune, blanc, noir, violet
8. enseigner, apprendre, éduquer, dire, expliquer, former
9. ciseau, couteau, rasoir, scie, rabot, marteau
10. expédier, envoyer, marcher, poster, acheminer, transporter

Exercice n° 23

Appliquez la concordance des temps pour les verbes mis entre parenthèses :

1. Les souris (danser), quand le chat (survenir) et les (attraper)
2. Il (essayer) d'attraper un pot de confiture lorsque sa grand mère (arriver)
3. Nous (être installé) tranquillement à la terrasse du café lorsque l'orage (éclater). Plusieurs vitres (se briser) et nous (courir) nous réfugier à l'intérieur. Cela (durer) toute l'après-midi.
4. Le temps (être) affreux. La neige, qui (tomber) à gros flocons, (rendre) l'atmosphère plus lugubre encore. Tout à coup, un cri (retentir) et nous (être) secoués de frissons de terreur.

Exercice n° 24

Chaque série regroupe des verbes qui ont un point commun évident. Mais un intrus s'est glissé parmi chacune d'elle. Retrouvez-le :

1. Faisions, butaient, allai, régniez
2. Criions, pillez, niiez, épiions
3. Revins, pins, survins, détins
4. Parvint, retint, peint, vint
5. Mangeai, semblai, courrai, demandai
6. Nagions, devions, citions, avions, récitations

Exercice n° 25

En vous aidant de la liste de verbes proposée, complétez le texte suivant en veillant à bien accorder les verbes avec leurs sujets. Le texte est au présent.

Liste proposée :
occuper, chasser, représenter, envoler, dresser, rester, attendre

Une nuée de moineaux s'........ à mon approche. A droite, un petit piaf, effrayé par le bruit de mes pas et par mes sifflements .... immobile. Il .... le dernier moment pour prendre gauchement, à son tour, son envol. C'est au détour du chemin que se .... les bâtiments du garde chasse qui, depuis dix ans, s'........... de ce vaste domaine. Les cerfs et les biches, les faisans et les perdreaux, tout ce petit monde .... pour lui un trésor à garder, à préserver contre la méchanceté des hommes qui, depuis toujours .... ce gibier recherché.

Exercice n° 26

Rétablissez la ponctuation dans ce texte, sans oublier les majuscules :

Avez-vous déjà vu une forêt brûler quel spectacle effrayant les arbres semblent se tordre avant de s'effondrer dans un gémissement terrible ainsi une nuit on entendit au feu au feu mon père se leva et par la fenêtre de la chambre aperçut au loin l'incendie devant la maison un paysan gesticulait aucune hésitation il fallait vite avertir les pompiers, la gendarmerie et les voisins il fallait aussi agir vite prendre des seaux mouiller la terre empêcher l'incendie de progresser mon père réveilla toute la maisonnée et nous cria vite habillez-vous venez avec moi

Exercice n° 27

Le dialogue suivant est absurde. Pourtant tout tient à une virgule oubliée. Trouvez l'erreur :

— Paul !
— Qu'y a-t-il ?
— Sylvain m'a écrit. Tiens ! Lis ici « Léo a vu sa petite sœur tomber de sa fenêtre. »
— Mon Dieu ! Mais c'est affreux ! Quand cela s'est-il produit ?
— Hier, mais calme-toi.
— Est-elle hospitalisée ?
— C'était inutile.
— Oh !
— Elle ne s'était pas fait très mal. Une simple égratignure.
— Mais, c'est totalement impossible. Tomber du cinquième étage sans se blesser !

Exercice n° 28

Le texte qui suit est bien embrouillé. Lisez-le attentivement et essayez de répondre aux questions :

« Paul, en regardant Virginie, dit à Céline qu'il se demandait bien si la sœur de Virginie avait avoué à son amie Flora qu'elle n'avait pas revu Zoé depuis le jour où celle-ci lui avait déclaré qu'elle n'aimait pas les filles qui mentaient, qui racontaient que les autres filles étaient des tricheuses, et qui prétendaient qu'elles seules étaient sincères. »

Que disent les filles que Zoé n'aime pas ? Qu'a déclaré Zoé à la sœur de Virginie ? A qui la sœur de Virginie aurait-elle dû avouer qu'elle ne voyait plus Zoé ? Que se demande Paul ? A qui parle-t-il ?

Exercice n° 29

A partir du texte théâtral suivant, construisez un court récit au passé dans lequel vous aurez transformé le dialogue de théâtre en dialogue de style indirect. Attention, vous ne pourrez pas tout garder et devrez effectuer certaines modifications.

— Je m'excuse de vous demander pardon, Monsieur, mais je vous en prie, vous avez l'heure ?
— Oui, Monsieur, j'ai l'heure.
— Merci beaucoup.
— De rien.
— Mais j'y pense tout soudain, si vous avez l'heure, peut-être accepteriez-vous de me la donner ?
— Avec plaisir.
— Alors, s'il vous plaît, quelle heure est-il ?
— Moins dix .
— Moins dix de quoi ?
— Je ne sais pas, j'ai perdu la petite aiguille.

Pierre Dac, *Dialogue en forme de bon sens*, Livre de poche.

Exercice n° 30

Les listes qui suivent sont constituées de noms ou d'adjectifs ayant la même forme au masculin et au féminin. Mais, dans chaque liste s'est glissé un intrus. A vous de le retrouver :

1. sale, cannibale, locale, hydrocéphale, sandale, ovale
2. habile, civile, débile, tranquille, juvénile, hostile
3. préparatoire, aléatoire, méritoire, noire, vexatoire, giratoire
4. magnifique, héroïque, publique, modique, prophétique, véridique

Exercice n° 31

Quelques devinettes, à présent. Un indice : il s'agit chaque fois d'homonymes.

1. Au masculin, je chante très mal et je finis toujours bâillonné par Obélix et Astérix, alors qu'au féminin, il faut mieux m'ôter quand on est au régime. Je suis le ou la ....
2. Au féminin, je suis indispensable à la communication, et au masculin, je suis synonyme de récepteur de télévision ou de radio. Je suis la ou le ....
3. Je suis bien flou au masculin, mais je peux être dangereuse quand on se baigne. Je suis la ou le ....
4. Je suis dans un livre au féminin et dans une cour royale au masculin. Je suis un ou une ....

Exercice n° 32

Remplacez le verbe « être » par des verbes précis et expressifs (exemple : *est* à côté est remplacé par *longe*) :

1. La voie ferrée est à côté du lac.
2. Le grand chêne est plus haut que le reste de la forêt.
3. Ce village perché est au-dessus de la vallée.
4. Au milieu de la pièce, des piles de livres sont sur le sol.
5. Au pied de la montagne se trouve une vaste plaine.

Exercice n° 33

A chaque phrase correspond un préfixe permettant de former un mot correspondant à la définition donnée. Attention aux pièges !

Définitions

1. Qui permet de se préserver du brouillard
2. Qui est situé sous les tropiques
3. Espace entre deux lignes
4. Religion qui reconnaît plusieurs dieux
5. Qui est riche de plusieurs milliards
6. Qui est trop sensible
7. Nouvelle édition d'un livre
8. Situation entre deux personnes qui s'entendent mal
9. Ouvrage écrit sur la vie de quelqu'un
10. Qui va plus vite que la vitesse du son
11. Qui n'a qu'une seule jambe
12. Qui est sur le même ton

Préfixes

hyper, re, super, anti, mono, sub, mes, uni, inter, poly, bio, multi

Exercice n° 34

Complétez la grille à l'aide des définitions suivantes :

	1	2	3	4
A				
B				
C				
D				

VERTICAL
1. Nombre obtenu en ajoutant 120 à la différence de 1 190 et 53
2. La somme de ses chiffres vaut 6
3. Le produit de ses chiffres vaut 120
4. En le divisant par 10, on obtient 101

HORIZONTAL
A. 111 + 111 x 10 + 20
B. Nombre qu'il faut ajouter à 2 760 pour obtenir 5 000
C. Ne s'écrit qu'avec deux chiffres
D. Le produit de ses chiffres est nul

Exercice n° 35

Vrai ou faux ?

1. Un nombre qui se termine par 2 est divisible par 2 ?
2. Un nombre qui se termine par 3 est divisible par 3 ?
3. 777 est divisible par 3 ?
4. 777 est divisible par 7 ?
5. Un nombre divisible par 3 est divisible par 9 ?
6. 47 est divisible par 7 ?
7. 1 est divisible par tous les nombres ?
8. Tous les nombres sont divisibles par 1 ?

Exercice n° 36

A défaut de robinets, voilà quelques devinettes à base de crème de cassis, paquets de dragées et de menu monnaie...

1. A vélo, Bernard a parcouru 94,2 km en 4 heures. Quelle est sa moyenne horaire ?
2. Trois enfants se partagent la monnaie des courses. Partis avec 30 euros ils ont dépensé 21,65 euros. Combien chacun va-t-il recevoir ?
3. Patricia veut faire 16 petits paquets avec 1, 920 kilogramme de dragées. Quel sera le poids de chacun ?
4. Quelle quantité de crème de cassis peut-on mettre dans chaque verre, si l'on a 18 verres et 2,25 litres de crème ?

Exercice n° 37

Pour chacun des problèmes suivants, rédigez la réponse :

On donne : 87 : 7 = 12, 428 571 423

1. Dans une baguette de bois de 87 cm de long, quel est le nombre maximal d'allumettes de 7 cm de long que l'on peut couper ?
2. On veut placer régulièrement 8 clous le long d'une planche de 87 cm de long : il y aura donc 7 intervalles séparant chaque clou. Quelle est la longueur de chaque intervalle au millimètre près ?
3. Pour faire passer une route à travers une montagne, il faut enlever 87 tonnes de terre. Le camion prévu ne peut transporter que 7 tonnes à la fois. Combien fera-t-il de voyages ?
4. Au dernier étage de la Française des Jeux, 7 personnes ont trouvé la bonne combinaison du loto et se partagent la somme de13 millions d'euros. Combien gagnent-ils chacun, au centime près ?
5. Martin fait sa moyenne de maths du deuxième trimestre : avec 7 notes, il obtient 87 points au total. Quelle est sa moyenne, arrondie au demi-point le plus proche ?

Exercice n° 38

Rédigez la réponse à chaque problème :

1. Dans un restaurant, il y a 18 tables pouvant recevoir chacune 4 personnes. Combien de personnes peut recevoir au total ce restaurant ?
2. Romain a 18 petites voitures ; il en a 4 de moins que Laura. Combien Laura a-t-elle de voitures ?
3. Bernard a réparti équitablement ses 18 vases chinois entre ses 4 enfants. Combien lui reste-t-il de vases chez lui ?
4. Romain a eu un 18 en maths, c'est-à-dire 4 points de plus que la moyenne de la classe. Quelle est cette moyenne ?
5. Un restaurant doit laver 18 kg de nappes et serviettes dans la machine à laver, qui ne peut en contenir que 4 kg à chaque tournée. Combien de tournées de machine à laver faudra-t-il faire ?

Exercice n° 39

Rédigez la réponse à chaque problème. Soulignez les informations inutiles :

1. Le 17 mars 1991, Laura fête son cinquième anniversaire. Elle a 2 ans de moins que Romain. En quelle année est née Laura ?
2. Un kilogramme de sucre en morceaux n° 4 contient 168 morceaux et coûte 2,67 euros. Combien pèse un demi kilogramme de sucre ?
3. Un chat de 2 ans mange 300 grammes de nourriture par jour, c'est-à-dire 1/2 boîte normale d'aliment pour chat. Quel poids de nourriture faut-il prévoir pour un chat de 2 ans, pour une semaine ?
4. Deux boîtes de raviolis coûtent 2,57 euros, soit le double du prix d'une boîte de 24 œufs. Combien coûtent quatre boîtes de raviolis ?

Dans les exercices n° 40 à 55, trouvez parmi les dessins proposés celui qui complète la série.

Exercice n° 40

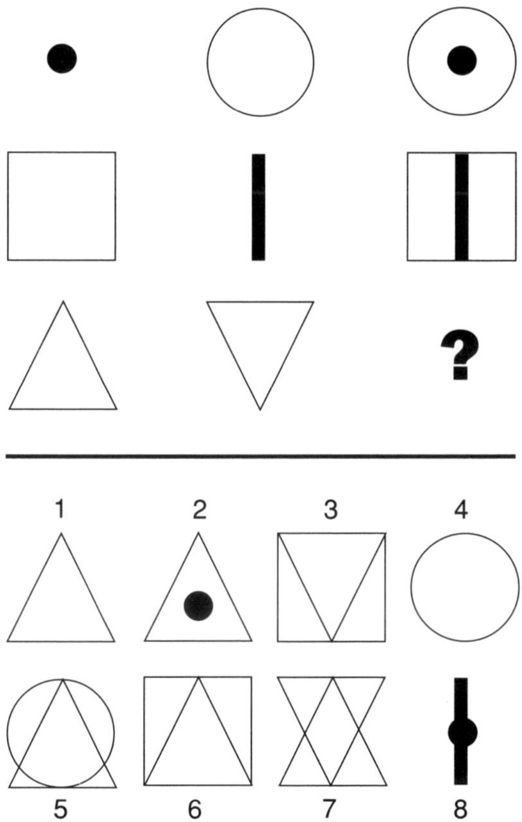

Exercice n° 41

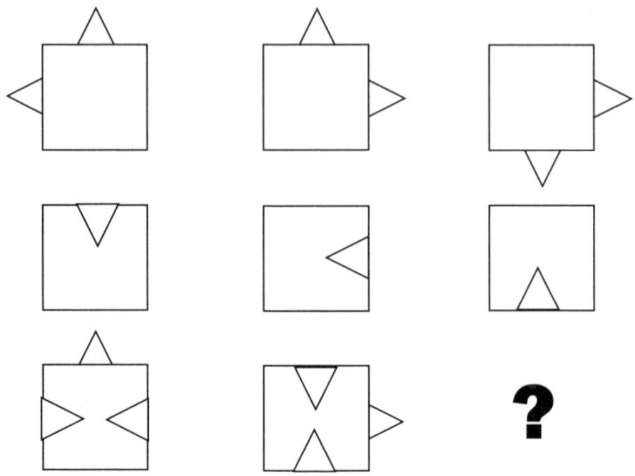

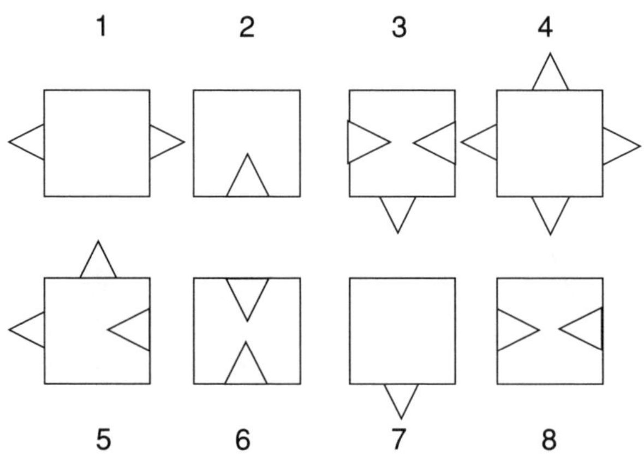

Exercice n° 42

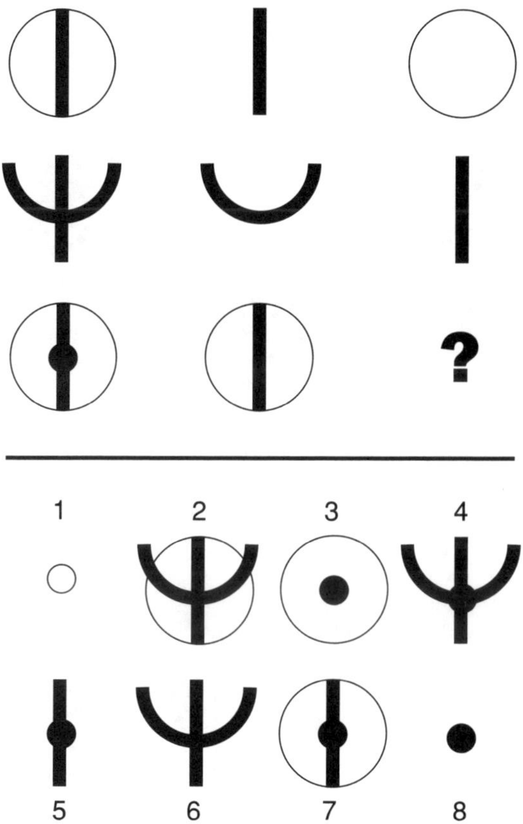

Exercice n° 43

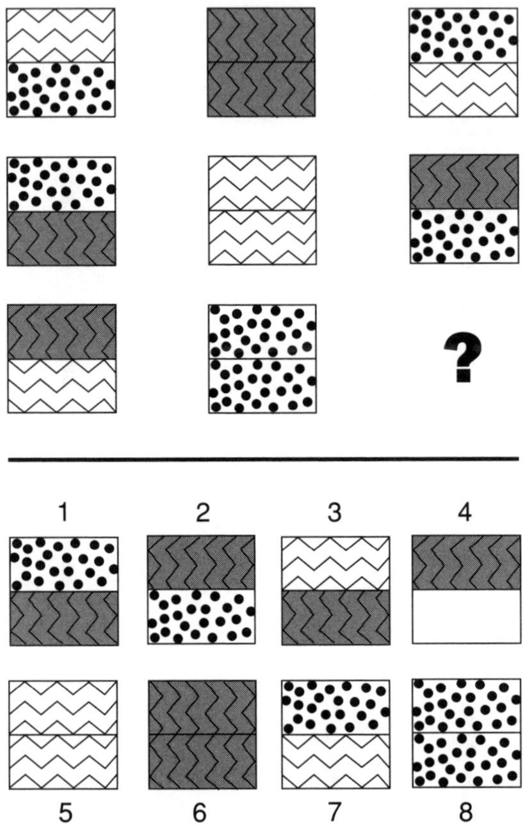

Exercice n° 44

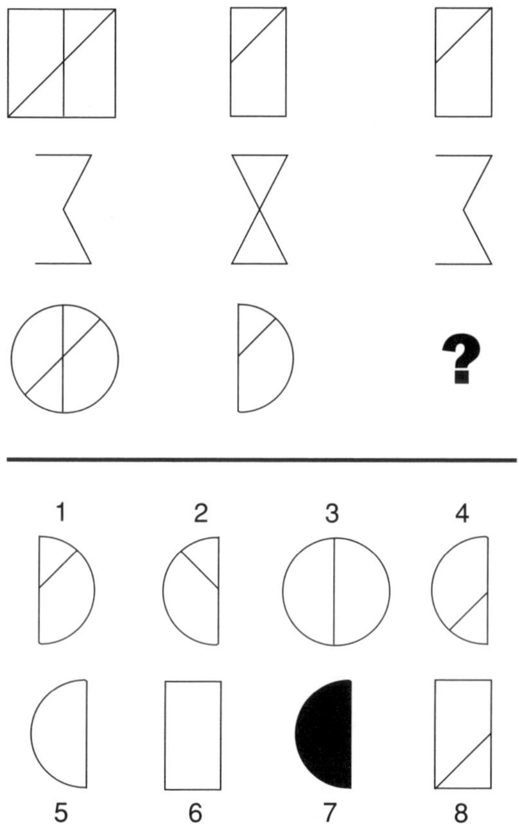

Exercice n° 45

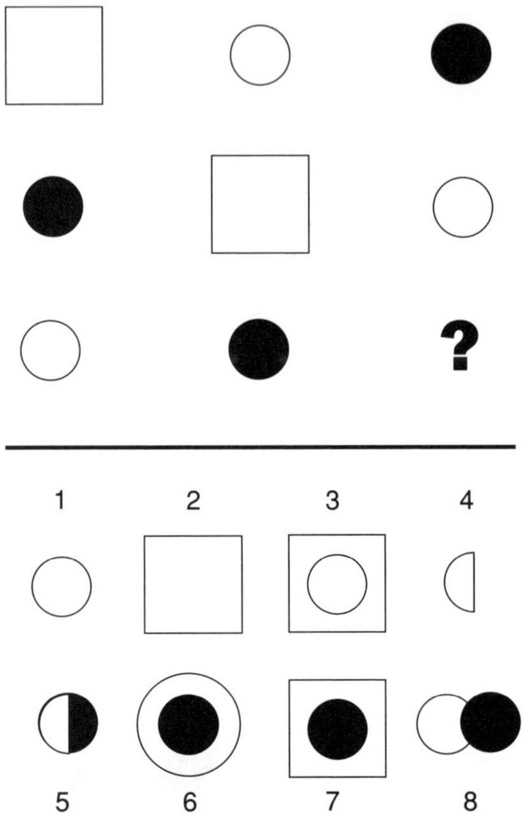

Exercice n° 46

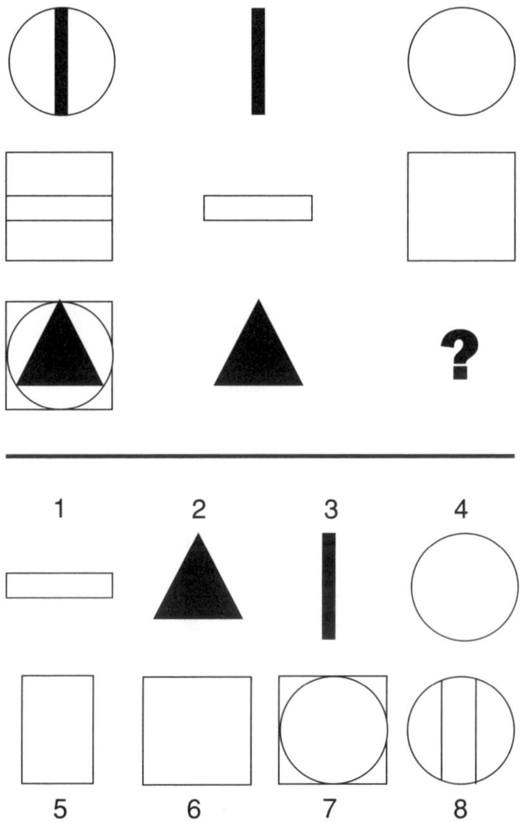

Exercice n° 47

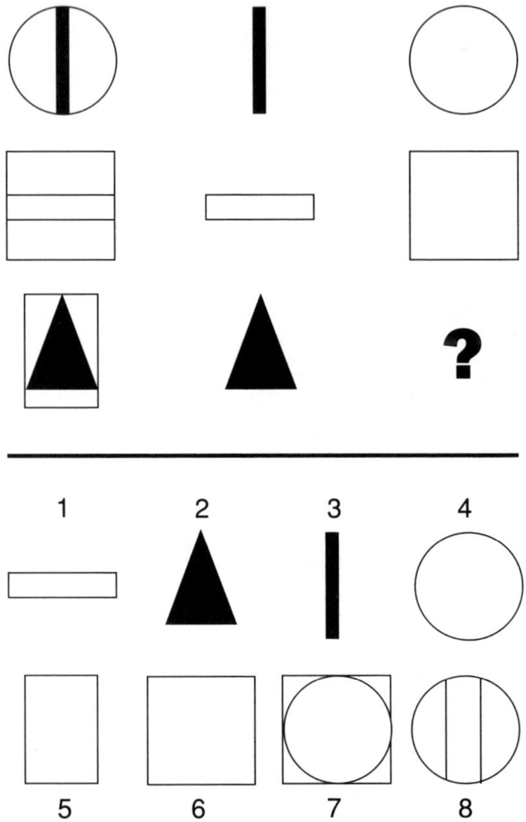

Exercice n° 48

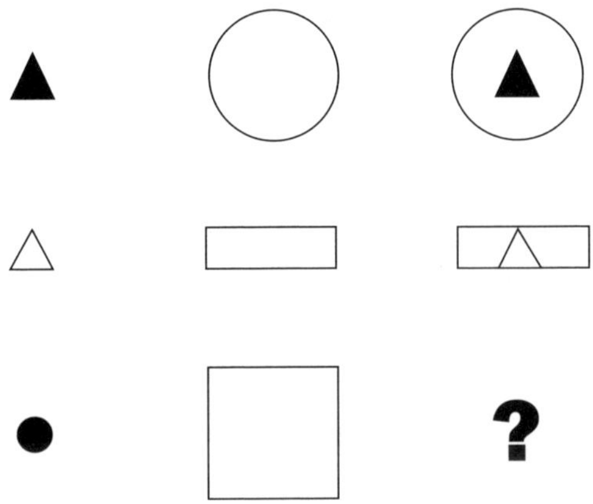

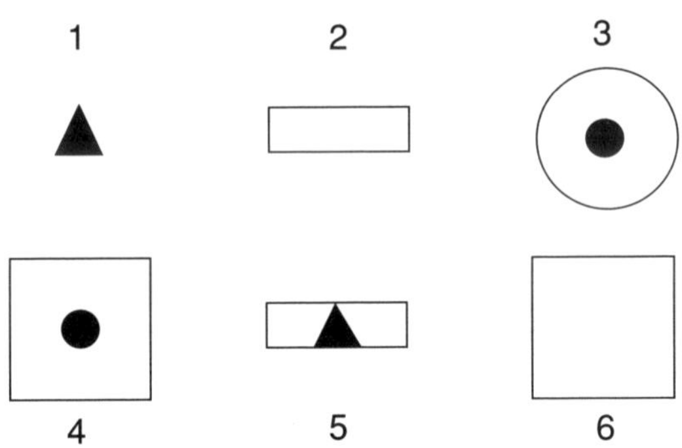

Exercice n° 49

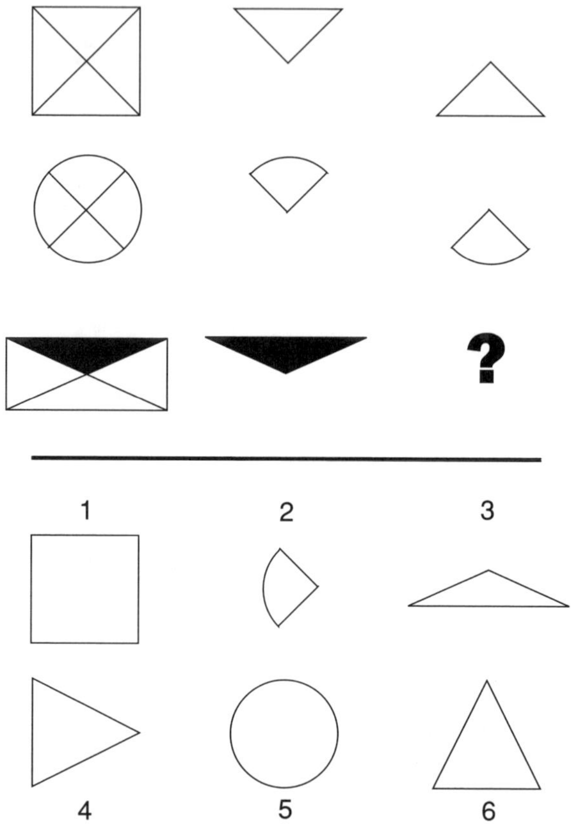

Exercice n° 50

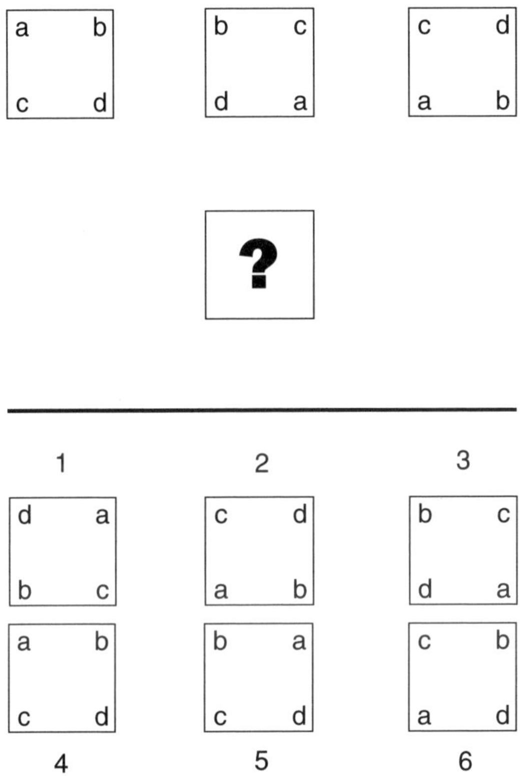

Exercice n° 51

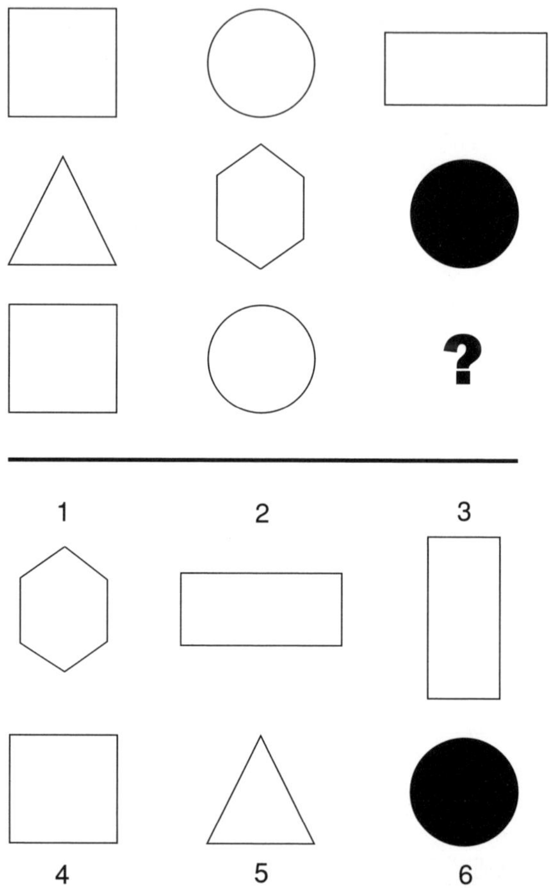

Exercice n° 52

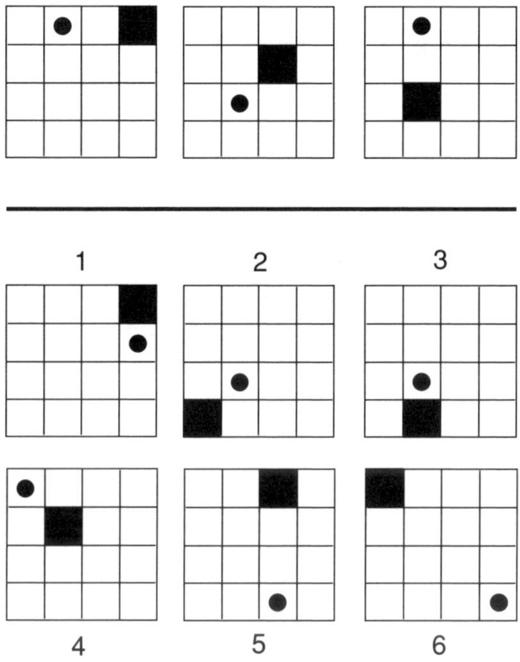

Exercice n° 53

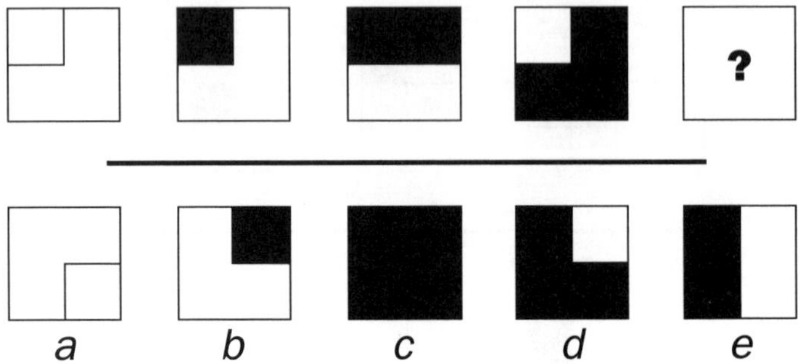

Exercice n° 54

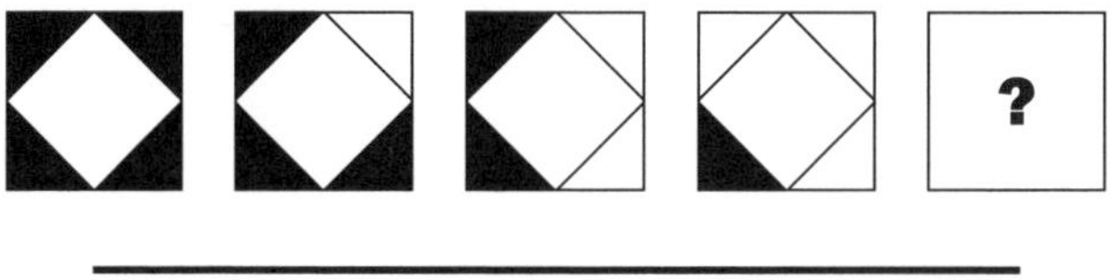

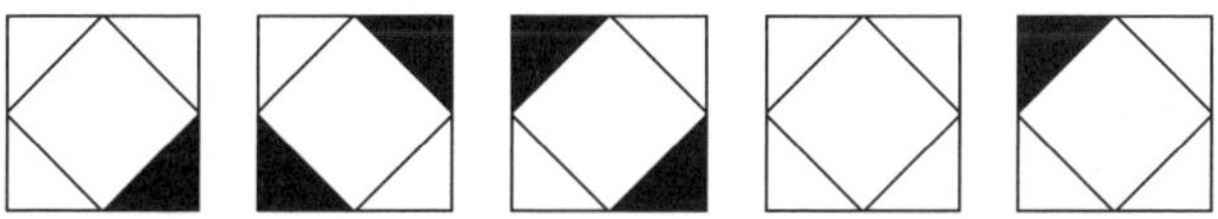

a *b* *c* *d* *e*

2. Solutions

Voici, pour chaque exercice, la ou les solutions au problème posé. Nous n'avons pas repris les résultats pour les épreuves de classement (exemples 6 et 7) ainsi que pour celles liées à la mémoire (exemples 8 à 12).

Exercice n° 1

Phrases mal recopiées : **b, d, e, f, g, h**

Exercice n° 2

Propositions identiques : **a, c, d**

Exercice n° 3

Lignes réunissant des nombres différents : **c, d, e, g, i, j**

Exercice n° 4

Lignes reliant des noms identiques : **a, b, g, i**

Exercice n° 5

Lignes réunissant des noms différents : **b, e, g, i**

Exercice n° 13

1. Il s'agit d'une série de nombres croissants. Chaque nombre s'obtient en ajoutant 5 au nombre précédent. Le premier nombre à trouver est donc : 23 + 5 = **28** et le second **33**.

2. La suite des nombres est cette fois décroissante. Chacun d'entre eux s'obtient en retranchant 7 du précédent. Le premier nombre à trouver est donc 21 – 7 = **14** et le second est **7**.

3. Il s'agit d'une suite de nombres croissants, chaque nombre s'obtenant par la multiplication des deux nombres précédents. Les deux nombres inconnus sont donc :
256 x 32 = **8 192** et 8 192 x 256 = **262 144**.

4. Il s'agit d'une suite de nombres décroissants. Chaque nombre s'obtient en soustrayant 50 au nombre précédent. Les nombres à trouver sont donc : 174 – 50 = **124** ; 124 – 50 = **74**.

5. Il s'agit cette fois de deux séries de nombres, l'une composée de nombres pairs, l'autre de nombres impairs. Pour chacune des deux séries, les nombres s'obtiennent en ajoutant 4 au nombre précédent. Les deux nombres à trouver sont donc :
16 + 4 = **20** et 29 + 4 = **33**.

6. Il s'agit là encore d'une série de nombres croissants. Pour obtenir le nombre suivant : on multiplie par 2 le nombre précédent et on ajoute 5 au résultat ainsi obtenu, puis on recommence. Les deux nombres inconnus sont donc : 107 x 2 = **214** + 5 = **219**.

7. Il s'agit d'une série de nombres qui croît et décroît. La règle appliquée est en effet : + 7 puis – 4 et ainsi de suite. Les nombres à trouver sont donc : 52 + 7 = **59** – 4 = **55**.

8. Il s'agit d'une suite décroissante. Chaque nombre décroît d'un point de plus que le précédent (– 12, – 11, – 10, – 9, – 8, etc.). Les deux nombres à trouver sont donc : 72 – 7= **65** ; - 6 = **59**.

Exercice n° 14

1. Il s'agit d'une suite de l'alphabet dans l'ordre décroissant. Entre deux lettres successives, une lettre a été oubliée. Les deux lettres à trouver sont donc le **I** et le **K**.

2. Cette fois, les lettres sont données dans l'ordre inverse et chaque fois deux lettres ont été oubliées. Les deux lettres manquantes à découvrir sont donc le **J** et le **G**.

3. Egalement données dans l'ordre inverse, les lettres se suivent avec, chaque fois, un intervalle supplémentaire (d'abord une lettre puis deux puis trois...). Les deux lettres à trouver sont le **L** et le **F**.

4. Deux séquences de deux lettres qui se suivent chaque fois constituent cette série. Les deux séries progressent dans l'ordre alphabétique en sautant chaque fois une lettre. Les trois lettres à trouver sont donc **L.M.M**.

5. Il faut distinguer deux séries à l'intérieur de la succession de lettres : l'une augmente d'une lettre à chaque fois, l'autre saute dans l'ordre de lettre en lettre (DEF/I/DEFG/J/DEFGH/K). Le groupe de sept (6+1) lettres à trouver est donc **D.E.F.G.H.I./L**.

6. Deux séries de lettres alternent et augmentent d'une lettre chaque fois, l'une dans l'ordre alphabétique (DEF), l'autre dans l'ordre inverse (RQP). Les quatre lettres à trouver sont donc **R.Q.P.O.**

7. Une même série de lettres qui augmente alternativement d'une lettre, puis de deux (A/CD/F/GH/J/LM/O). Le groupe de lettres à trouver est donc **P.Q**.

8. Nous avons affaire à une même série de lettres descendantes, mais de manière croisée. On saute une lettre puis on revient à la lettre intermédiaire ; on repart de cette lettre pour ressauter une lettre et revenir à la nouvelle lettre intermédiaire et ainsi de suite. Le groupe de lettres inconnues est donc **K.I**.

9. Les mots formés par la suite de lettres située à gauche du point virgule sont remis dans le bon ordre sur la droite. Le mot à trouver est donc **train**.

Exercice n° 15

1. Une série de lettres, une de chiffres. La première progresse de deux lettres chaque fois ; la seconde progresse de 5 chaque fois. Les deux éléments inconnus sont donc **J** et **38**.

2. Chaque série de lettres est constituée d'une progression de 5 lettres et d'une régression de 3 lettres. La suite de nombres progresse de 5 puis de 3. Le nombre à trouver est donc **37**, et le groupe de lettres inconnu est **EJGLINKPM**.

3. Le mot après le point virgule est reconstitué avec les lettres en désordre mêlées aux chiffres. Il en est logiquement de même pour la deuxième série. Le mot inconnu est donc **ville**.

4. Cette double série est en quelque sorte piégée, puisque la majorité des candidats chercheront les rapports entre les chiffres arabes et les chiffres romains alors qu'en fait les chiffres romains ne sont pas à considérer en tant que tels mais simplement comme une addition de barres. Ainsi chaque chiffre arabe représente-t-il le total des barres utilisées pour former le pseudo chiffre romain qui le précède. Il suffit donc de compter le nombre de barres du dernier chiffre romain pour trouver le chiffre inconnu qui est **6**.

5. Les chiffres correspondent au total des lettres du mot sous lequel chacun d'entre eux est placé. Le chiffre inconnu est donc **9**.

6. Avec cet exercice, vous faites votre apprentissage d'espion ! Les mots sont en effet codés. Chaque lettre correspond à un chiffre : 1 pour M, 5 pour E, 3 pour L et ainsi de suite. En utilisant le même code de correspondance, vous déterminerez le mot inconnu qui est **MESANGE**. Rusé, non ?

Exercice n° 16

1. Les trois premiers mots se lisent indifféremment à l'endroit ou à l'envers. Ils sont composés d'une lettre pivot, autour de laquelle une ou plusieurs syllabes se répètent en sens contraire. Le mot à trouver est donc, par exemple, **rêver**, qui se lit dans les deux sens.

2. Il s'agit d'une analogie ou d'un rapport entre les mots et les nombres : 12 est le nombre de mois qu'il y a dans une année , 365 est le nombre de jours que comporte la même période et le nombre à trouver, **8 760**, est le nombre d'heures que comptabilise également une année.

3. et 4. Dans la première ligne, seul le mot **faible** est à souligner car il se trouve qu'il a le sens le plus contraire par rapport aux quatre autres mots. Il en est logiquement de même pour la ligne suivante et le mot à souligner est donc **clair**, le seul à ne pas exprimer une couleur.

5. Les mots situés à droite du point virgule sont formés par les mots situés à gauche amputés de leur première syllabe. Le mot qu'il faut trouver est donc **régler**.

6. Le groupe de lettres situé à gauche du point virgule est formé par le mot établi et les lettres de ce même mot disposées dans le désordre. Le mot à trouver est donc **batifoler**.

7. Ecran est un anagramme du mot nacre, c'est-à-dire qu'il est formé des mêmes lettres disposées dans un ordre différent. Le problème consiste donc ici à trouver un anagramme du mot limace, ce qui nous donne **malice**.

8. Les trois premiers mots de la série sont en symétrie contraire avec les trois derniers. Ainsi riche est-il le contraire de pauvre, gai le contraire de triste. Il faut donc désigner le contraire du mot jeune, ce qui donne **vieux**.

9. Les deux premiers mots sont des anagrammes. Il est donc logique de trouver **palme** ou **lampe**.

10. Dans la série, le deuxième mot représente le produit fabriqué par le professionnel que désigne le premier mot : l'écrivain écrit des livres, le maçon construit des maisons et donc, le sculpteur réalise des **sculptures**.

Exercice n° 17

1. bête
2. ravir
3. fin
4. désolé
5. sûr
6. curieux

Exercice n° 18

1. nier, affirmer
2. voiler, exposer
3. franc, furtif
4. aggraver, améliorer
5. primordial (dans le sens premier), ultime
6. raccourcir, allonger
7. concis, diffus
8. vexer, apaiser
9. affirmer, réfuter
10. intraitable, traité

Exercice n° 19

1. tasse, soucoupe
2. mener, suivre (le fil suit l'aiguille !)
3. joie, tristesse
4. fenêtre, vue (un plancher procure un support tandis qu'une fenêtre procure une vue)
5. branche, arbre
6. égoïste
7. intrépide
8. discorde
9. près
10. pied

Exercice n° 20

1. Dans la forêt, un arbre déploie ses branches.
2. Au Pérou, le soleil se lève à l'Ouest.
3. Au bout d'un moment, la maison a commencé à se remplir.
4. Par la fenêtre, il regarda tomber la pluie dans la mer grise.
5. Choisissez une salade avec votre pizza.

Exercice n° 21

1. L'enfer est pavé de bonnes intentions : **a** et **f**
2. Qui va à la chasse perd sa place : **a** et **f**
3. L'habit, c'est l'homme : **b** et **e**
4. En petit champ croît son blé : **b** et **e**
5. Il n'est pas de fumée sans feu : **b** et **c**
6. Quand il tonne, il faut écouter toner : **b** et **e**

Exercice n° 22

1. apporter (seul mot qui ne renvoie pas à une notion de définition)
2. ordonner (seul mot à ne pas induire une notion d'aide)
3. rassembleur (seul mot qui ne corresponde pas à une idée d'individualité)
4. manger (seul à ne pas être tourné vers les autres)
5. machinisme (seul mot à ne pas renvoyer à une théorie)
6. dangereux (seul mot négatif)
7. violet (seule couleur non primaire : le violet s'obtient en additionnant du rouge et du bleu)
8. dire (seul verbe qui n'induise pas une notion de pédagogie)
9. marteau (seul instrument ne permettant pas de couper)
10. marcher (seul verbe à ne pas induire une notion d'expédition)

Exercice n° 23

1. dansaient, survint, attrapa
2. essayait, arriva
3. étions installé, éclata, se brisèrent, courûmes, dura
4. était, tombait, rendait, retentit, fûmes

Exercice n° 24

1. **Allai** est le seul passé simple
2. **Pillez** est le seul présent
3. **Pins** est un nom
4. **Peint** est le seul présent
5. **Courrai** est le seul futur
6. **Récitations** est un nom.

Exercice n° 25

Envole ; reste ; attend ; dressent ; occupe ; représente ; chassent

Exercice n° 26

Avez-vous déjà vu une forêt brûler ? Quel spectacle effrayant ! Les arbres semblent se tordre avant de s'effondrer dans un gémissement terrible. Ainsi une nuit, on entendit : « Au feu ! Au feu ! ». Mon père se leva et, par la fenêtre de la chambre, aperçut au loin l'incendie. Devant la maison, un paysan gesticulait. Aucune hésitation ! Il fallait vite avertir les pompiers, la gendarmerie et les voisins, il fallait aussi agir vite : prendre des seaux, mouiller la terre, empêcher l'incendie de progresser. Mon père réveilla toute la maisonnée et nous cria : « Vite ! Habillez-vous ! Venez avec moi… »

Exercice n° 27

« Léo a vu sa petite sœur tomber, de sa fenêtre ». Léo, à la fenêtre de sa chambre, située au cinquième étage, a vu tomber sa sœur dans la rue. Celle-ci n'est donc pas tombée du cinquième étage.

Exercice n° 28

Elles disent que les autres filles sont des tricheuses et qu'elles seules ne mentent pas.
Zoé a déclaré à la sœur de Virginie qu'elle n'aimait pas les filles..., etc.
A son amie Flora.
Il se demande si la sœur de Virginie a avoué à son amie Flora..., etc.
Il parle à Céline.

Exercice n° 29

Deux individus se rencontrèrent au coin d'un rue. Le premier s'excusa et demanda à l'autre s'il avait l'heure. Ce dernier répondit qu'il avait effectivement l'heure. Le premier le remercia et le second rétorqua que cela était tout à fait naturel. Mais, le premier répliqua que si celui-ci avait l'heure, il accepterait peut-être de la lui donner. L'autre répondit qu'il le ferait avec plaisir. Le premier individu insista et s'enquit poliment de l'heure qu'il était. Le second individu lâcha qu'il était moins dix. Alors le premier demanda, l'air excédé, de quelle heure il était moins dix. L'autre avoua qu'il ne savait pas car il avait perdu sa petite aiguille.

Exercice n° 30

1. locale
2. civile
3. noire
4. publique (au masculin : public)

Exercice n° 31

1. barde
2. poste
3. vague
4. page

Exercice n° 32

1. longe le lac ; **2. domine** le reste de la forêt ; **3. surplombe** la vallée ; **4. jonchent** le sol ; **5. s'étend**

Exercice n° 33

1. antibrouillard
2. subtropical
3. interligne
4. polythéiste
5. multimilliardaire
6. hypersensible
7. réédition
8. mésentente
9. biographie
10. supersonique
11. unijambiste
12. monotone

Exercice n° 34

	1	2	3	4
A	1	2	2	1
B	2	2	4	0
C	5	1	5	1
D	7	1	3	0

Exercice n° 35

Phrases vraies : **1** ; **3** ; **4** ; **8**

Exercice n° 36

1. La moyenne horaire de Bernard est : 94,2 : 4 = 23,55 km /heure
2. 30 – 21,65 = 8,35. Chacun des enfants reçoit : 8,35 : 3 = 2,78 euros
3. Le poids de chaque paquet : 1920 : 16 = 120 grammes
4. Dans chaque verre, on peut mettre : 2,25 : 18 = 0,125 l = 12,5 cl de crème

Exercice n° 37

1. 12
2. 12,4 ou 12,5
3. 13
4. 1 857 142 euros et 90 centimes
5. 12,5

Exercice n° 38

1. 18 x 4 = 72
2. 18 + 4 = 22
3. 18 = 4 x 4 + 2. Il lui reste donc 2 vases
4. 18 – 4 = 14
5. 18 : 4 = 4,5. Il faut faire cinq tournées de machine à laver.

Exercice n° 39

1. 1986
2. 0,5 kg = 500 grammes ! Toutes les informations sont inutiles
3. 2100 g = 2,1 kg
4. 2,57 x 2 = 5,14 euros

Exercice n° 40

Réponse 7

Exercice n° 41

Réponse 3

Exercice n° 42

Réponse 8

Exercice n° 43

Réponse 3

Exercice n° 44

Réponse 1

Exercice n° 45

Réponse 2

Exercice n° 46

Réponse 7

Exercice n° 47

Réponse 5

Exercice n° 48

Réponse 4

Exercice n° 49

Réponse 3

Exercice n° 50

Réponse 1

Exercice n° 51

Réponse 2

Exercice n° 52

Réponse 2

Exercice n° 53

Réponse c

Exercice n° 54

Réponse d

Collection Efficacité professionnelle
Vocatis

Références

© **GROUPE STUDYRAMA - VOCATIS**
34/38, rue Camille-Pelletan - 92309 Levallois-Perret cedex
Imprimerie Darantiere - 21801 Quetigny
Imprimé en France - 1er trimestre 2011 - N° d'impression : 11-0080

Service éditorial : Marjorie Champetier, Elsa Goisnard, Pascal Julie,
Deborah Lopez, Marie Tourat
Conception graphique : Catherine Aubin
Crédit photographique : © Martin Green - Fotolia.com

Dépôt légal à parution
ISBN 978-2-7590-1222-0